U0015184

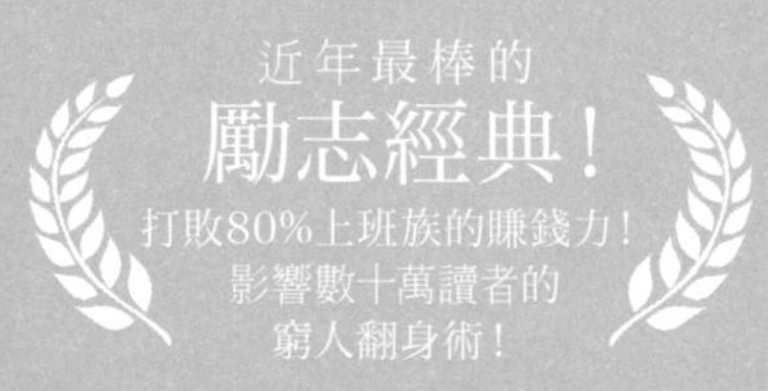
近年最棒的
勵志經典！
打敗80%上班族的賺錢力！
影響數十萬讀者的
窮人翻身術！

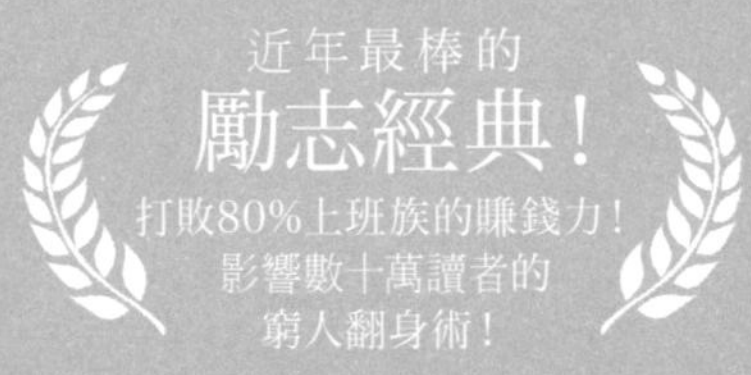
近年最棒的
勵志經典！
打敗80%上班族的賺錢力！
影響數十萬讀者的
窮人翻身術！

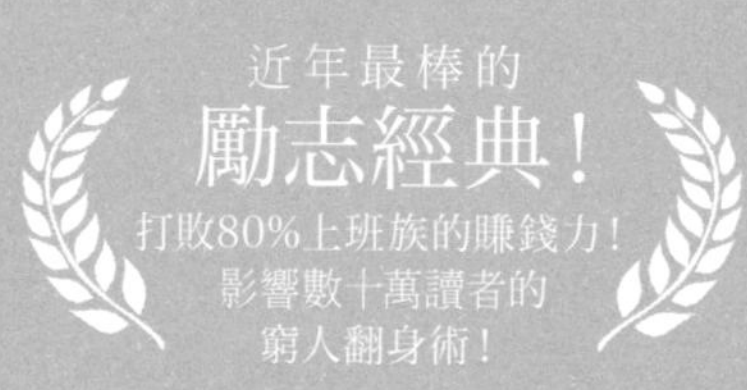
近年最棒的
勵志經典！
打敗80%上班族的賺錢力！
影響數十萬讀者的
窮人翻身術！

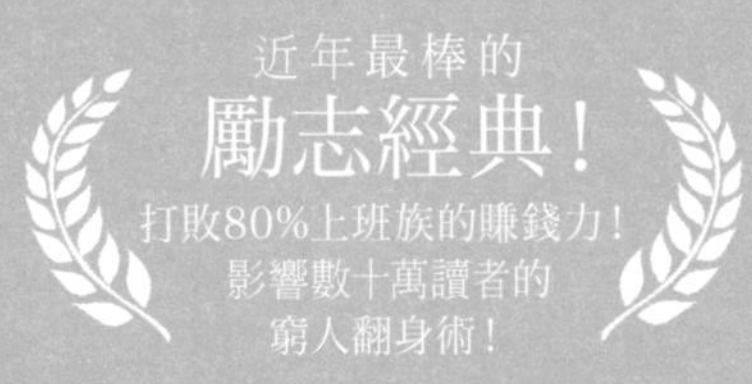
近年最棒的
勵志經典！
打敗80%上班族的賺錢力！
影響數十萬讀者的
窮人翻身術！

張辰瑜◎著

現在窮沒關係，不要以後窮、
一輩子窮、窮到下一代！

最會賺錢的窮人

沒關係啊~連父母都不看好的『**人生失敗組**』，
從借錢人生到28歲賺千萬、30歲資產上億的真實告白！

近年最棒的
勵志經典！
打敗80%上班族的賺錢力！
影響數十萬讀者的
窮人翻身術！

110 坪的『夢想家』！

感謝　禾田設計　http://www.he-tian.com.tw/works.php

我的第一間商辦

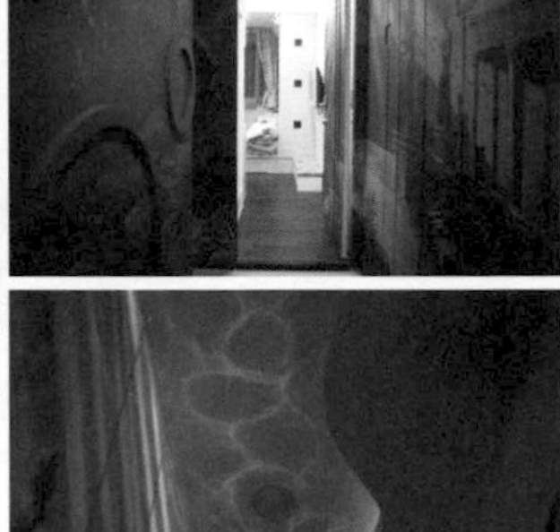

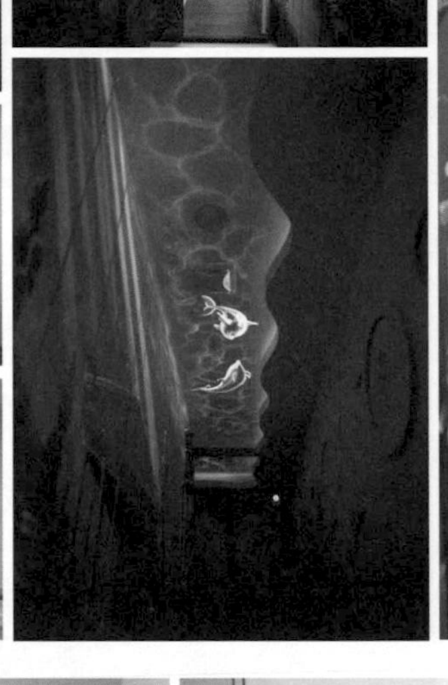

精心設計的『海洋屋』

教老公買房轉租 18000

第 4 間房子，黃金地段高價屋

第 5 間房子，租金 15000

CONTENTS

Chapter 01

先天不足的人生，一開始就輸在起跑點 從小注定屬於『人生失敗組』！

Chapter 02

被命運遺棄的童年：爛屋、負債、幾十年都翻不了身！

Chapter 03

不到20歲成為『打工天后』，第一年業績就破千萬！

Chapter 04

爆紅創紀錄，成為首頁常勝軍
高流量開啟了網路行銷和事業的契機

自序 抓住機會，才有致富的可能！

成功需要冒險和堅持，更需要一股傻勁！因為從小就沒有被看好，所以也沒有預期過有一天自己會將夢想落實，只知道每個當下都要非常努力的去做，因為機會只有一次！

而因為家庭教育的關係，讓我從小就知道錢不是萬能，但沒有錢卻萬萬不能！家裡孩子多，爸爸曾經為了小孩的註冊費一夜間白了頭髮，看他從年輕煩惱到老，這樣的痛苦深深激勵了我！我不想要重蹈覆轍、為了錢憂愁！錢對於普羅大眾太過重要，有時甚至是掌握人的生死大權！

這樣的觀念也影響了創業後的我，從創業開始我就告訴自己：我一定要賺錢！賺很多錢！要讓自己的下一代不一樣！

我的觀念是每個工作都要全力以赴、都要想出辦法解決，曾經事業遇到阻礙，與其要和別人低頭合作，我的解決辦法就是創造一個新的模式並且踢掉對方，不允許有任何不自由、被壓制的感覺。第一步就是要讓自己財富自由！

財富自由除了心態上的建立以外，更重要的是多方投資理財，讓自己富有！一開始我用大多數人會使用的方式，投資股票，再來資金變多後進而投資房地產，房地產從小間滾到變大間，循序漸進的方式理財投資。

一直以來大家對我的印象就是兩性文章居多，對於理財文章我寫的不多，畢竟賺錢要低調，如果你的事業還不夠穩固的時候更要低調，一步步的讓自己的事業穩紮穩打。無意間接受了Smart雜誌採訪後，發現很多讀者對於理財也很有興趣，在這之中更讓我了解了，很多人對於理財的觀念是錯誤的，才讓我興起了寫這本書的念頭，貧窮並不可怕，可怕的是很多人擁有貧窮的頭腦而不自知！

天下無難事，只怕有心人！你月入2萬多，到底要不要存錢？既然存不了錢所以就該花光、當個輕鬆的月光族？這本書中我有寫到，其實我也是從月入2萬多起來的，一步步從2萬多變成4、5萬，再晉升到現在的千萬！

貧窮的觀念真的會讓很多人對投資理財裹足不前，認為自己會一輩子貧窮，害得下一代也跟著貧窮！

想要賺大錢，首先要拋去自己會貧窮的想法！很多有錢人都是白手起家的，當有機會的時候，不要猶豫和害怕，只要選擇前進就對了！天下無難事，真的只怕有心人！最後，當你擁有金錢的時候，你掌控自己的人生，達到自己想要的目的，並且幫助別人，這才是人生真正的意義。

很多人都對我說，我擁有正面的能量，其實我只是遇到挫折時喜歡用正面思考來面對，我總是想著：『是的，最壞的時候我已經遇到了，不會再有更壞的時候了！』相信自己，一定會否極泰來的！

這本書要獻給所有的讀者們，不管未來有多少挫折，都要相信自己！並且努力抓住機會，抓住身邊任何可能的機會！如果你想要脫離貧窮、創造財富，那麼看著這本書和我一步步的一起脫離貧窮吧！真的一點也不難！

推薦序

這輩子，從沒看過行銷和理財比我老婆還厲害的人！

當得知要幫老婆寫序的消息，煩惱了很久。平常不習慣打文章，更別說寫序了，人生的頭一遭讓我呆坐在電腦前三小時，什麼也寫不出來。

直到老婆的一句話，她說這篇序對她很重要。對我而言，老婆的事情比我的事情更重要百倍，所以硬著頭皮也要生出來。

以前喜歡每晚和好友聚會喝點小酒，家庭因素導致極度害怕寂寞，造成每晚都要有活動，喜歡往外跑，認識她結了婚後，莫名的改變喜歡待在家裡，喜歡家庭生活，這是以往的我始料未及的事情。

雖然表面和老婆相處，我們不習慣一直誇讚對方，但是私底下我逢人就會說：『這輩子，我沒遇過比我老婆行銷及理財還厲害的人，雖然小個子，但是努力工作起來卻會讓人佩服的五體投地。』

她帶給我非常多的理財觀念，例如：多本存摺理財、房地產的選購要素等等都在書中有非常詳細的解說。

作為小讀者的我，更希望她的故事能夠啟蒙更多人，一個人會理財不是因為賺的多，而是因為他用對方法，而最好的方法也就是你現在閱讀的這本書，謝謝大家，希望你們能夠喜歡它。

永遠支持妳的老公 ALLEN

林峰倫

推薦序 身處螃蟹文化的社會，作者這樣一個心靈巨人的故事，更值得被推薦！

電視、媒體最推崇的不動產、法律雙權威

成功的路上並不擁擠，因為努力的人並不多！

馬雲說了句：『晚上想想千條路，早上起來走原路！』

作者這樣的心靈巨人，在現在的氛圍中是值得被鼓勵的，我們現在是一個螃蟹效應的社會，或許大家都知道，當螃蟹放到不高的水池裡時，單個螃蟹可能憑著自己的本事爬出來，但是如果好幾個螃蟹，牠們就會疊羅漢，總有一個在上邊，一個在下邊，這時底下的那個就不幹了，拼命爬出來，並且開始拉上面螃蟹的腿，結果誰也爬不高。這就是螃蟹文化。

現在太多探討高房價的主因，但期待著房價下跌，這就是一種螃蟹文化的形成所產生的期待，一間一千萬的房子，跌了三成變成七百萬，這樣本息攤還一個月要繳的貸款要近三萬元，不提高收入，有辦法負擔嗎？

作者說著她的『先天不良』，卻培養出堅強的韌性與毅力，以細緻的觀察和不服輸的決心，從打工到拼事業，無一不專注在成功的方法上，而鮮少抱怨或負面，書中更提到很多生動的故事、案例與經驗，都是很值得參考的部份。

「人不理財，財不理你！」

坊間這麼多的高手分享、理財達人、實證經歷，都告訴我們，只要肯做功課、下定目標、努力執行，自主的人生、自由的財富都非遙不可及的夢想，看了本書，別再晚上想想千條路，早上起來走原路！

Just do it！

推薦序 WOW！這麼一本讓人揪心又振奮的書！

知名藝人、節目主持人

薇薇，當初認識她是在我跟朱大（朱學恆）的節目上，收到她的新書，當時只是覺得這個小女生怎麼跟時下差不多年紀的女生這麼不同？竟然已經是個兩性作家了！（因為以往印象中兩性作家都年紀都比較資深一點……）

直到後來又在網路上聯繫起，在小燕姐的節目上再次相遇後，她來問我可否幫她新書寫推薦序。當內文還沒收到前，我心想應該是育兒或是產後瘦身，沒想到看到新書內文後，竟然是這麼一本讓人揪心又振奮的『獨眼少女 CEO 的故事』！看完著實只有『WOW』！來形容我的心情阿！

理清頭緒後，才發現，成功的人都有一個共通點：就是改變的力量！

改變現況或是改變自己、甚至是改變自己的命運，在辰瑜的新書裡絕對讓你驚嘆！

她說：『每個逆境都是種學習，學得好，就可以快速提升我們的能力和等級！』

她說：『人不因東西而彰顯價值，是你自己創造的價值彰顯了你。』

她說：『有時候無意間你願意多做一些額外的事情，你就會比別人多一分成功的機會！』

你有多想要，你所想要的東西就會一件一件的被吸引過來！但有個重點是，你想了之後有沒有努力的去實踐？在辰瑜的身上，我看見了她的光芒、她突破自己的種種缺陷，讓自己一步一步去完成，屬於她的『夢想家』，我相信，會拿起這本書的你，一定也有自己內心的聲音，去尋找自己的『夢想家』吧！

推薦序

讀完此書後啟發不同的觀點、啟動不一樣的人生！

Smart 智富月刊主筆

4年前因採訪之故，第一次見到薇薇。當時心想：『眼前這個女孩嬌滴滴地，聽說月入20萬、存錢能力更是驚人，可能嗎？』不過，多年的採訪經驗告訴我，千萬不可以貌取人，越是不可能、不起眼的人事物，有一定的比率存在值得深度挖掘的魅力。果不其然，話匣子一開，我就見識到這個女生有其厲害之處。

18歲就開始打工賺錢、24歲逆轉負債人生、存到100萬、買下人生第1間房、28歲已賺到1000萬，30歲前不僅創業當老闆，更順利當包租婆，打造業外的現金收入，翻轉命運成為人生勝利組。之所以這麼努力賺錢，背後的原因來自一個讓我心折的關鍵：『孝順』。出身自7口之家的薇薇內向、文靜，一直是家裡那個最沒有聲音的孩子。她大學念了5年、畢業後面臨60多萬的學生貸款，驪歌人生從負債開始。

她大一開始便積極打工賺錢，學費則申請就學貸款，因為她不想造成父母經濟上的負擔，為了賺錢，她當過專櫃小姐、藥局工讀生、內衣銷售小姐…畢業後更是拚命三郎，一天工作20小時。聰明的薇薇把自己當『品牌』來經營，除了經營部落格、維持知名度外，更延伸以前的減肥經驗，開發生技纖體飲品與保健食品，從身兼6份工作的打工仔，搖身一變創業當頭家。

更難得的是，薇薇並沒有因埋首於事業，而忽略了感情，近3年來，她成為人妻、人母，打造出屬於一家3口的夢想城堡，在30歲時站上人生另一個高峰！這本書集結了她一路走來的心路歷程，尤其是在房地產投資上不藏私分享其成功經驗，不管是對於薪水無法突破22K魔咒的怨嘆小資族，或是望高房價興嘆、不知如何入門的房市觀望族，在讀完此書後能啟發不同的觀點、啟動不一樣的人生！

推薦序 令人羨慕又忌妒的神奇女生。

《女人變有錢》雜誌資深記者 康滋蓮

薇薇是一個會令人『羨慕＋忌妒』的女生，她臉蛋漂亮，她身材嬌小玲瓏，她是出了4本書的兩性、瘦身、親子作家（這一次又多了1本理財書），她懂得賺錢和投資，她嫁給一個非常貼心的老公，她有一個很可愛的兒子……

但如果你看完這本書就會發現，薇薇所擁有的一切，都是那麼的不容易！

自小對金錢沒有安全感，讓她賺錢的『天線』全開，兒時就懂得算準機率賣『自創的刮刮樂』，唸書時就會打工賺錢，畢業後也身兼多份工作，讓她能在22K的氛圍中，成為月入10萬元以上的社會新鮮人。

『對金錢沒有安全感』，這是許多人都有的狀況，但每個人會發展出來的金錢觀卻截然不同。我曾經訪過一位對金錢沒有安全感的女生，她迫切希望多賺錢的心情，讓她成為開源很厲害的人，身兼4份工作，但她卻不懂得節流、也不會理財，常常過度透支自己的身心狀態，備感疲憊，讓她三不五時就『犒賞自己』，結果多賺來的錢左手進右手出，她依舊處於『錢不夠用』的窘境。

但同樣的動機，薇薇卻有不同的選擇，聰明的她會開源也懂得節流，當然，她也不是一開始就會，也是跌跌撞撞經過許多次的自我調整，才能有今天的成就。

因此，閱讀這本書時，妳會發現，妳曾經有過的心態，薇薇也有過；妳曾經走錯的路，薇薇也遇過，從過來人的經驗裡，會有更多的同理心和獨家訣竅，讓不藏私的她與大家分享她究竟是如何調整、如何改變的？

最重要的是，如果妳也想變成獨立自主，懂得理財的女生，記得從書中找到適合自己的方式，學習並實踐，讓我們一起有智慧的輕鬆賺錢、快樂花錢。

推薦序

女人聽到女人的成功是這樣的，一種忌妒、一種羨慕。

橫跨 舞台劇、戲劇、電視圈 女漢子

與她相遇，在幾年前的電視節目裡，在助理口中知道有位美女作家寫著細膩的男女愛情，助理在re稿後，我幾乎三天不得安寧，每天對我述說著她是個多厲害的人。

『嗯哼～』我說。

『她是個很神奇的人，年輕卻可賺到億萬。』

『嗯哼～』我說。女人聽到女人的成功是這樣的，一種忌妒、一種羨慕。

『她是個很神奇的人，也是很有毅力的人，很年輕但是竟可以賺很多錢，好厲害喔！』

『嗯哼～』我依舊打看著社群網站大家的動向，並搜尋這個叫薇薇的女子。

之後在化妝間第一次遇到她，這不是靈異故事，當時頭有點昏眩（可能錄影前天只睡三小時）有股正面的力量襲擊而來，一股彎著笑眼的力量，這就是張辰瑜！很奇妙，人們覺得這種做什麼都成功的人一定很難相處，但完全不然！她像很久沒見面的姐妹，什麼事都嘰哩呱啦的說著，也很難相信在她奔放的腦神經裡無論是感情的軸線，瘦身的曲線，甚至是育兒的人生路線都可以整理的有條有理。

她曾住在像是廁所大小大的房間，拼命的工作工作，她相信自己！用她的真誠，這是我相當佩服她的地方。我想起大二胖到70公斤，跟別系男生出去，大家都不想載我這頭母豬，於是從那開始，我就不聽任何負面的批評，我做我自己，我珍惜當初對我好的人。想想，我跟薇薇也是同一種人。

不管你幾歲，如果你正在迷惘、你正在猶豫、你正不知如何往前走，這本集結正面能量的書，會告訴你，無論生活細節或是『動動』自己的身體，都有著不同的思維，改變你的人生！

推薦序 逆境中的正向引導！

電子商務資深行銷 鍾雅帆

『薇薇是我最喜歡的部落客之一，當初會注意到她是因為薇薇和我的年紀相仿，而她的文章作風溫柔感性，細膩又貼近人心的文筆深深療癒我的心，常常可在她的文字裡找到一份撫慰心靈的力量！和薇薇同為人母、妻子和媳婦的我，看到她在這三重身分下將生活發揮的如此精彩、如此游刃有餘，著實為所有七年級生的典範，而我相信薇薇的文字及正面能量仍然正持續發酵，滋養著更多的年輕女孩兒！』以上是我最親近的好姐妹，也是忠實的『薇粉』對薇薇的真實感受，我決定原封不動地作為推薦序的開頭。

好姐妹並不知道我認識薇薇，她很常在Line群組中分享薇薇的文章，無論是愛情觀、育兒或家庭與工作的平衡話題，每每看完文章都會引起大家一陣討論，並使人心情豁然開朗，這就是薇薇的影響力。

初次與薇薇見面，是因為Yahoo電子商務的內容行銷上的合作，她很亮眼、笑起來很甜、很有自信，我一直為她在事業上的努力與堅持佩服不已，尤其是在認識的這幾年，我們分別經歷了結婚、生子，同樣身為職業婦女的我，更為她能兼顧家庭、事業與先生的感情，更加欽佩！

多年後的今天，看到了她這本理財書，才知道原來她的成長過程有這麼多的磨難，這也難怪成就了她努力不懈、細心敏銳，比別人永遠多一份努力的堅毅與永不服輸的個性！而薇薇的成功，除了個性使然外，重點是她把握每一個機會、並且努力用對的方法達成目標！如果你在事業或工作上不順心、如果你想擁有自己的一片天空，不妨讀讀這本書，參考薇薇分享的方法，我相信在逆境中能有個正向的人引領，永遠都會有好的結果！

先天不足的人生，一開始就輸在起跑點

從小注定屬於『人生失敗組』！

我總說，我的人生是倒反過來的！小時候是連自己父母都不看好的『人生失敗組』，我也認為自己應該只能找到用勞力換取金錢的苦工，除非長大後有奇蹟或意外，不然一輩子都注定待在『失敗組』了。

小時候除了左眼幾乎全盲，還很窮、自卑、自閉、內向、笨、畏懼上台、外表不起眼、個性又很悶，除了很專注，我想不出別的優點，但是如果我接受老天爺給我的限制，那就不會有今天這個出書、上新聞、演講鼓勵別人的張辰瑜了。

從一個畏懼上台的自閉兒，到演講時滔滔不絕；從別人口中的笨蛋，到開公司創品牌、28歲順利賺到1千萬……我是長大後才脫胎換骨，徹底變成另外一個人的，沒人料到後面的人生會整個顛倒過來！

《失敗組》的人生1

又笨又自閉，臉上還有『北斗七星』！

從小，就沒有人覺得我是可造之材，連家人也不看好我，在長期耳濡目染之下，漸漸的我也覺得自己又笨又沒有能力。

打從懂事起，我就一直很自卑，那時候的我很自閉，連話都講不好、個性又很悶，有人跟我說話也不知道要回答，所以大家都覺得我很笨，最常聽見人家說：『從沒看過這麼笨的小孩！』

小時候姊姊很喜歡玩一個遊戲，她會把所有姊妹都號召起來，然後故意問大家：『你們覺得全家人之中誰長得最醜？』立刻，所有姊妹都會一起指向我，說我最醜。姊姊很得意，繼續問：『那你們覺得誰最笨？』當然全部人又都異口同聲說是我。

我也不知道姊姊為什麼會這樣？但是我從小也真的覺得自己很笨，不像姊姊很聰明、嘴巴很甜，我總是笨笨的不發一語，所以母親很疼姊姊，當姊姊在玩這個遊戲時，母親也沒有責罵她。

甚至有時候，連母親都會叨唸我講話真的很笨，父親也曾說過我是個二愣子！

小學時，有一次母親教我學看時鐘，一連教了4個鐘頭，但是不管她怎麼教、怎麼問我，我就是看不懂也不開口，氣到後來母親不教了，但是等她一離開，我發覺自己其實已經會看時鐘、作業簿也會寫了！

我也不知道為什麼母親在旁邊時，我就是無法開口說出自己的想法？跟啞巴一樣無法回答任何問題？可能因為我的個性很軟、再加上身為老二的關係，所以很容易被欺負，也常被家人忽略，所以就越來越不愛開口，到後來大家都說我有自閉症！

在學校裡也一樣，我總是一個人靜靜的坐在位子上，也不說話，只是冷眼旁觀的看著同學們在嬉鬧，好像一個人活在自己的世界裡，在別人看來我就是一個笨笨的、又很自閉的女生。

被嫌棄的還不只是這些，外表長得不起眼就算了，偏偏我臉上還長了很多黑痣！多到常常被同學取笑，還給我取了一個『北斗七星』的綽號！而如果有哪次考試考得好，他們就會嘲笑我考得好是因為我是：『痣多星』！

同學們的嘲笑讓我一直都很在意自己的缺陷，整個人也更加自卑和自閉，而別人對待我的態度，也讓我從小就很早熟，小學時就常常去擔心一些大人才需要煩惱的事情，我甚至認為像自己這樣又笨、又醜、又沒有能力的人，長大以後應該也只能找到以辛苦勞力換取金錢的工作吧？

沒想到我還這麼小就會想這麼奇怪的事，想的事情都跟別人不一樣，難怪從小就常常覺得自己很孤獨。

可能是覺得現實世界太過痛苦和不溫暖、也或許是我個性比較敏感，家人和同學的嘲笑可能只是好玩，但是敏感的我卻很受傷，於是我越來越習慣把自己封閉在只有我一個人的小天地裡，寧願只和自己說話。

我會默默的在旁邊觀察著每個人的一舉一動，事實上我是在揣測他們的想法，然後把自己的感覺和對別人的觀察通通寫在日記上，但是即使我心裡有任何想法，也從來不會想要說出來或是跟別人分享，直到有一天我發現姊姊在偷看我的日記，這才放棄了寫日記的習慣。

壓抑型的個性也讓我即使被欺負了也不會吵架、反抗，只會默默承受，所以小學時的我幾乎都過得很憂鬱、不開心，不過父母和家人都沒發現，因為我一直都是個不愛說話、沒有聲音的孩子。

一直到有一天，我突然覺得我的人生不能再這樣下去了！我想要快樂！我需要放開！我不想要再活得這麼不開心、也不想再縮在自閉的世界裡，我很想要跟一個我很喜歡的同學一樣，看她每天都很開朗、很開心的來上學，好像生活得很幸福的樣子，讓我好羨慕，我告訴自己：我想要變成她那樣！我一定要改變我自己！

剛好，小學二年級時因為母親融資玩股票失利欠了一屁股債，我們必須把房子全部賣掉，舉家搬遷和轉學到南部，從台北繁華的精華區搬到很遠很遠的高雄去，到一個完全陌生的新環境和新學校，這個機會給了我改變的勇氣。

我知道自己必須要徹頭徹尾的改變，一定要讓自己變得跟以前不一樣、一定要勇敢踏出新的一步，於是趁著轉換新環境的機會，我開始逼迫自己每天都主動開口跟同學說話、努力跟大家互動，盡量讓自己每天都認識新朋友、盡量讓自己每天都過得很開心。

一開始當然是困難的，改變的過程也是痛苦的，因為我一直都很自卑、個性也很悶，所以面對同學我一樣不太敢開口，但是至少我很努力地跟他們親近，講台北的事情給他們聽、或是聊他們有興趣的話題，即使再困難也沒有逃避，就這樣持續努力了一年多。

慢慢地，跟他們變熟了之後，我就會一直滔滔不絕的講話，還會說笑話逗他們，新同學這才發現原來我很會開玩笑、也很好相處，我的人緣也開始變好。

後來，漸漸的，我整個人的個性都改變了！變得比較開朗不怕生、變成了我想要的那個樣子，直到那時候，我的內心才真正開始感覺到比較快樂！

《失敗組》的人生2

天天被罵笨、被看輕！自創一套『笨蛋哲學』。

雖然從小就一直被大家笑說很笨，但是我對於『笨』這個字眼卻一點也不排斥，還發明了一套自創的『笨蛋哲學』。

相對於有些人一被說笨就會氣得面紅耳赤，彷彿被說笨是件很丟臉的事情，但是我卻有不同的看法：我覺得當一個笨蛋沒什麼不好！事實上，我還很喜歡當別人眼中的笨蛋。

很多聰明人總是覺得別人很笨、看不起比他們笨的人，但是沒聽過『聰明反被聰明誤』嗎？這些自認為比別人聰明的人，真正又厲害到哪裡去？又有幾個是真正的聰明？

而且，就因為他們知道自己很聰明，所以通常都不用很努力、很吃苦就能成功，總是十分力只出三分而已，因此有些成功來得快卻也短暫、有些成功不夠紮實。然而笨的人知道他們一定要出九分力、十分力才有機會成功，因此總是拚了命的往前衝，所以往往是那些看起來笨笨的、願意出到十分力的人更容易成功！

一直以來，我從沒怪別人看輕我，反而覺得這對我的個性養成有很好的幫助！就是因為沒有人看好，所以我總是告訴自己：『就是笨，才更要不斷的努力！就因為沒有能力，所以更不能鬆懈！』

也因為有這樣的認知，所以我做任何事情都習慣有個底，會在事前做足準備，這也讓我從小養成默默做事、好壞都放在心裡的習慣，在一件事情還沒有成功之前，我是不會先透露的，一定要有十足的把握了，我才會公開或是分享。

在我看來，笨不但不是缺點，反而是一種很好用的保護色，尤其不是真笨卻懂得在眾人面前裝笨的人，才是真正厲害的人！

因此，我總是樂於當別人眼中的笨蛋，就因為別人覺得我笨、覺得我什麼都不會，所以我可以不斷的問別人、學習別人、請聰明的人教我，這樣更容易學到別人累積多年的智慧和法寶。

而且，當大家都覺得你很笨的時候，他們就會流露出輕敵的心態，這正是可以趁機學習和反擊的最佳時機！

很多聰明人都會在『大意輕敵』之下，不小心把自己多年來的成功經驗、厲害的地方和賺錢的方法說出來，有時候還會越說越多，這時候我們這些笨蛋就可以偷偷地學起來，並且發展出一套屬於自己的本領。

我就常常遇到那種看我長得弱小又內向，就認為我很笨的人跟我說：『啊，這個妳一定不會！走開，我來弄～』然後我這個笨笨的人就可以輕鬆的站在旁邊，看別人爭先恐後的求表現，默默學起來他們做得好的部分，而他們做錯失敗的地方，我就記取教訓、重新改進，這樣不是輕鬆多了、也更容易成功了嗎？

所以我的『笨蛋哲學』就是告訴自己：不要怕當笨蛋，人生還有很長的一段路要走，先別急著認定別人是笨蛋或聰明，畢竟路還很長，不看到最後我們不會知道結果，不是嗎？

遇到厲害的人，我一定不放過機會去向對方請益學習，並且坦白說出自己的缺點、不掩飾自己弱勢和愚笨的地方，因為要讓別人指點你，你一定要先懂得放低姿態。

我總是會花很多時間和他們聊天、請教他們，藉此得知他們比別人厲害的地方是什麼？然後開始自我反省，看看自己有沒有辦法做到和這些人一樣？或是有什麼方法可以學習改進？

『在厲害的人面前謙卑，在聰明的人面前低調，在比自己笨的人面前相互鼓勵扶持，這才是真正的人生學習之道。』

當笨蛋好處多多，是最安全的保護色。

笨的好處多多，因為覺得自己笨，所以我做事情非常執著，對於同一件事情會一直不斷的反覆去做，直到完全弄懂或完成為止，不厭其煩！

就像經營部落格這件事，就真的非常需要不厭其煩，我常常一整天都坐在書桌前敲敲打打，一聽到什麼訊息就會開始聯想，希望可以激盪出更多的靈感來寫作。

而且我不是天生就會拿筆寫文章的人，在學校時作文也很普通，但是為了要寫出吸引人閱讀的文章，我不斷的參考和學習一些作家的文章寫法，再來改進自己的缺點，就這樣持續練習六、七年沒有間斷，相信這對任何人來說都不是一件容易的事吧？

有時候，成功比的就是堅持到底和持之以恆！你能夠比別人更有耐心、更能持續，你就更有機會成功！像我從小並不是很有美術天分，但是為了要得到老師的讚賞，我可以每天都乖乖坐著畫畫，一畫就是一整天、天天畫，一直畫到老師誇獎我畫得不錯。

高中時，高雄縣政府要舉辦紙雕比賽，我們班上有一個紙雕很厲害的同學，大家都誇獎她，老師主動幫她報名參加紙雕賽，而我是第一次做紙雕，表現並沒有很出色，只是普通而已，所以沒有人覺得我也有資格去參賽。

但是我不這麼認為，我也想代表學校去參賽，我覺得我也可以！於是下課後跑去買了兩本紙雕的書回家天天練習，然後在下一次的紙雕課上直接做出來給老師看，老師看到後非常驚訝我的進步，就立刻幫我報名參賽。結果沒想到，最後得獎的竟然是我！而原本那個被看好的同學反而落選了。

雖然我不一定有那個同學的手巧和天份，但是我很努力，而且我的想法和創意也跟別人不一樣，那次的題目是『921地震後』，那個同學做了地震後家園毀壞、大家難過的樣子，但我卻是以欣欣向榮為主題，讓整個作品呈現出重建重生後美好的願景，因此得到評審一致的青睞。

那次得獎，出乎大家的意料，因為沒有人看好我，而我平常又是一個不太表現自己的人，那次參賽成績跌破所有人的眼鏡，有個同學還跑來跟我說：『真沒想到居然是妳得獎！可能是妳選的主題有對吧？』

我不在意別人認不認同我的成績，我只知道從此我就愛上了美術課和紙雕，後來還因此被推選為學藝股長，當時我帶著同學一起用紙雕來設計美化我們的教室，還得到全校國中部和高中部整體評比的第一名呢！

我的作品概念，就跟我遇到事情時的態度和想法一樣，我在遇到問題時總是馬上解決，而且永遠懷抱著希望、永遠只看到事情的正面，因此即使一開始大家都不看好我，但是我也從不氣餒，我知道只要自己願意勇敢追求，就有機會成功！

我還記得國小時被朋友拉進田徑隊，那時候我是隊上最矮的，沒人看好我、也沒什麼人注意我，倒是有幾個同學在旁邊討論，說另一個高高的女生一定會跑第一之類的。

我很好強，聽到同學的討論後心想：為什麼長得矮小就一定跑不贏？於是我天天加緊練習，比賽時瘋狂衝刺，結果沒想到那一次我竟然跑贏了那個女生，拿到第一名！所有的同學都不敢相信。

多年後姊姊跟我說，這幾年她才明白為什麼我這麼會賺錢、這麼成功？她觀察後發覺我可以非常專注的在想做的事情上，任何人或任何事情都無法打斷我、使我分心。

姊姊說，當時大家都覺得我是個怪胎，不管她們怎麼鬧我，我都無動於衷，所以她們常在背後嘲笑我，搞不懂我到底是真的太笨，還是又活在自己的幻想世界裡？怎麼可以完全不管旁邊的人在幹什麼！

從這些事情中我也發現，笨笨的、又沒有什麼優點的我，唯一的長處可能就是做事情能夠堅持到底、非常執著，直到達成我想要的目標為止，這個過程有時候長達數年，但我始終甘之如飴、沒有怨言。

後來出了社會，我才發現原來持久性和執著並不是每個人都具備的，大部分的人都很容易在一遇到問題就放棄或半途而廢，然後事後再怪東怪西。

人其實很奇怪，往往都知道自己不要什麼，但是卻搞不清楚自己到底要什麼？對於真正想要的反而很害怕去學習、去得到。像我一直以來只有一個信念：我不要一輩子都當窮人！我要讓下一代富有，不再讓我的子孫當窮人！從頭到尾就只有這個信念支撐著我，沒有想太多，我只知道要用盡全力向前衝！

我有個朋友最近發表一則臉書動態，她覺得她的人生已經偏離了正軌，沒有得到任何收獲。我回應她：有時候偏離了妳想要的結果，反而是種學習，繞道難道不是一種得到？你以為沒有收穫，其實你已經擁有了，你在途中的跌倒失敗，就是一種難得的學習。

在追求目標的過程中，我們會迷惘、會徬徨都是正常的，只要能堅定信念，一定不會離成功太遠、也不會一無所獲的。

現在正在看這本書的你，也別想太多，跟我一樣全力往前衝就是了！

我的《笨蛋哲學》

❶ 往往是那些看起來笨笨的、卻願意出到十分力的笨蛋比較容易成功。

❷ 笨不但不是缺點，反而是一種很好的保護色，尤其不是真笨卻懂得在眾人面前裝笨的人，才是真正厲害的人！

❸ 當大家都覺得你很笨的時候，他們就會流露出輕敵的心態，而這正是可以趁機學習和反擊的最佳時機！

❹ 在厲害的人面前謙卑，在聰明的人面前低調，在比自己笨的人面前相互鼓勵扶持，這才是真正的人生學習之道。

❺ 聰明的人覺得你什麼都不懂也不會，就會不小心把自己成功的秘密說出口。

❻ 有時候，成功比的就是堅持到底和持之以恆。

《失敗組》的人生3

我只剩下一隻眼，差點領殘障手冊！

記得大概在國小一、二年級時，班上同學就常常嘲笑我有鬥雞眼、說我眼睛怪怪的，但那時候我呆呆的，對這些嘲笑沒有想太多，照鏡子也沒發現自己眼睛哪裡跟別人不一樣？只是覺得很奇怪，不知道為什麼走路常常會跌倒，也常走一走去撞牆、磨破膝蓋，走樓梯還會絆倒。

起初我以為只是自己不小心，想說下次小心點就好了，而且我是個悶葫蘆，同學嘲笑我的事情我從沒跟家人說過，所以家裡人都不知道。幾年後我們搬到高雄，有一次姊姊要去配眼鏡，母親順便帶我一起去，結果那家眼鏡行老闆打量我很久，然後跟母親說我的左眼怪怪的，很可能是眼球不正或有其他問題，也許要開刀，還跟母親說：『她左眼異常得很嚴重，你們都沒有發現嗎？』

母親聽了之後很緊張，隔天馬上帶我去高雄的大醫院掛號，一檢查確定是眼球不正，要盡快開刀，緊接著當天就住院、隔沒幾天就開刀了。

當時還小，不記得為什麼當時本來只說要開左眼的，後來卻變成兩隻眼睛都一起開了，手術後我的雙眼都被紗布包住，在醫院裡過了一、二個禮拜瞎子般的生活。

出院之後，眼睛變得很畏光，只要陽光強烈一點我就會睜不開眼，還會一直流淚，眼睛也比開刀之前更不舒服，但因為那次開刀花了家裡20多萬，父母親到處東湊西湊才借到錢讓我順利開刀，因此即使有什麼不舒服，我也不想跟他們說，怕讓他們擔心，而且我跟家人都以為開刀後眼睛就好了，沒想到那個手術才是害我左眼幾乎完全瞎掉的元凶！

隔了一、二年，學校做身體檢查，有個護士跟我說：『妳左眼不太對勁，怎麼眼球都不會轉？可能需要矯正喔，記得叫父母帶妳去看一下眼科。』

回家後我把護士的話跟母親說，母親仔細看了看我的左眼，也發覺不妙，於是打聽到一家比較厲害的眼科後就帶著我去了。眼科醫生幫我檢查之後，說出了令人震驚的消息：『妳的左眼視神經已經壞死、沒救了！』醫生還跟我說：『小妹妹，妳左眼應該是幾乎看不見了，妳都沒感覺嗎？』（可見我真的是笨到不懂得反應）

母親聽到後簡直是晴天霹靂、完全不敢相信！當時開刀不是都治好了嗎？怎麼還會有問題呢？母親看起來都快急死了，一直反覆問醫生這是怎麼回事？為什麼會這樣？該怎麼辦？……

後來才知道，原來高雄那家大醫院幫我開刀矯正眼球時，不小心傷到我的左眼視神經，視神經因此嚴重受損，造成我的左眼幾乎是瞎的，從此眼球也不太會動了！

醫生說，可能是因為我的左眼本來就比較脆弱，所以容易受損，但是當時開刀的醫生也許經驗不足，沒有特別小心，開刀前沒有跟我們說清楚可能的風險，手術後也沒有詳細檢查，才會完全壞死、無法補救。

從此之後，我都過著只有一隻眼睛的半瞎人生！

我的右眼近視大概有３００度，而左眼的能見度大約只能區分出顏色，路上的招牌或路標都看不見，看出去是模糊一片，所以如果用手遮住右眼，我就等於是盲人了！

我只剩下一隻眼睛能看見的慘事，因為個性壓抑又自閉的關係，除了家人和醫生之外，沒有任何人知道，即使是長期相處的同學和老師也都不知道。

後來唸大學時，因為讀景觀設計系的關係，常常要做模型做到半夜，有幾次同學會突然叫出來，指著我的左眼說：『妳的左眼怎麼都不會動？好恐怖喔！』他們完全不知道我是個只剩下一隻眼睛能用的人，一件簡單的事情都會讓我做起來比一般人更辛苦！

畢竟是少了一半的視力，所以我不能開車，我還記得自己剛買車時，一開上路沒幾分鐘就撞車了！一年下來會撞車好幾次，因為總是抓不準距離，後來醫生跟我說我的兩眼視差過大，開車很危險，叫我不要開車，我只好改搭客運和公車。

但是就算不開車，到現在走路還是經常會去撞玻璃或牆壁，有時候還會連撞好幾次，都是因為只剩右眼能用的關係，連老公開車載我，我坐在旁邊都會一直很緊張，老是覺得怎麼旁邊的車靠得那麼近？好像快撞到了！但其實還差一大段距離。

除了開車、走路之外，生活上比較細微的事情我也沒辦法做到，讓我比較難過的是，小艾倫出生後我幫他剪指甲，但因為眼睛一直無法對焦，一刀下去剪到他的肉，從此以後我再也不敢幫他剪指甲了！就連我要剪自己的指甲都偶爾會剪到肉，所以我很自責也很難過，覺得為什麼身為一個母親，卻連這麼簡單的事情都無法為兒子做到？

其他一直提醒我不是正常人的地方還有：我的衣服釦子常常會扣錯、總是沒辦法對好；或是切菜時要切很大塊，沒辦法切細，切細就容易切到手！還有我在閱讀或是寫字時，會比一般人更吃力，在經營部落格時，每次要打出一篇有圖有文的文章，都要耗費我很多的力氣，常常是熬著夜，一個字一個字慢慢打出來的！

寫這本書的時候更辛苦，當時小艾倫還很小，我一邊要照顧小艾倫、一邊要經營公司、開發新產品，有空檔時還要趕緊把想到的故事寫下來，一寫就寫了二年多，寫到右眼因為使用過度而不停的痠痛流淚，還常常因為過度耗損眼力而覺得頭很暈、很想吐，走路時整個人更偏，一直去撞牆。

剛開始打拼事業時，我根本就是個工作狂，完全不注意自己的身體健康，有很多年的時間我都是天天工作到半夜，然後早上不到6、7點又起床開始工作！這就樣日復一日的操勞，結果突然有一天我『碰』的一聲就倒下去了！接著兩隻眼睛就看不到了、耳朵也聽不到了！整個人陷入失明又失聰的狀態，還常常把模糊的影子當成是實體，把所有人都嚇到了！

後來去檢查身體和視力，醫生警告我，如果再不用左眼，它會更萎縮、變得越來越小，叫我有空時要多遮住右眼，只用左眼看，醫生還半開玩笑說：『等妳右眼也看不見，就可以領殘障手冊了！』

自從那一次的事情之後，每次工作得太辛苦時，我就會擔心右眼會不會也因為使用過度而瞎了？到時候我就真的全盲了！

但由於平常很忙碌，再加上用左眼根本看不到什麼東西，因此我常常忘記要去做，而現在我的左眼也確實越變越小、幾乎都不會轉動了，後來我出門都得戴上瞳孔放大片來遮，不然會嚇到別人。

半瞎了將近二十幾年的時間，至今我也早就習慣了，也不會去多想，過去我始終很樂觀，不但每個月都會固定捐錢給盲童，還跟朋友打趣說：『說不定有一天，這些錢我也會用得到。』

我唯一擔心的就是，萬一遺傳給小艾倫該怎麼辦？有幾次老公跟我說：『我覺得小艾倫的眼球好像怪怪的……』我就會難過的躲起來偷哭，或許小嬰兒看起來都有點眼球不正，但因為我自己有一隻眼睛壞掉，所以非常擔心會遺傳給他，身為母親的我寧願自己受苦，也不要孩子有任何一點不幸！

雖然比別人少了一隻眼睛，生活和工作上都多了很多困難和障礙，但是我常常勉勵自己，這個世界上比我可憐的人多得是，有更多的人一輩子都很努力卻還是很窮困，而我能幸運的在不到30歲就賺到這麼多錢，或許就是因為我有這麼多的缺陷和不足，所以老天爺才在其他方面補償我，因此我該知足而不是覺得自己很可憐！

人生走到現在，我深深覺得每個逆境都是一種學習，學得好，就可以突破、快速提升我們的能力和等級、超越比我們更好的人！

而從小始終被歸類為『人生失敗組』的我，如果能在28歲以前賺到1千萬、擁有自己的公司、買得起4千萬的大房子圓夢，那你們更沒有氣餒的理由！如果到現在還沒賺到你想要的財富，那你們絕對不是不會賺，是不想賺！

被命運遺棄的童年 爛屋、負債、幾十年都翻不了身

母親迷信修行，誤信師姐投資失利、又染上賭癮。

從小我就一直對錢很沒有安全感！可能是身處於小孩眾多的家庭中，很小的時候我就明白很多東西是我無法擁有、也不該去奢求的。

我還記得國小時坐我旁邊有個女生長得白白胖胖的，她的家境很好，所以她吃好、穿好、用好的，所有我們家買不起的東西她都有！我看著她總是很羨慕，羨慕她擁有我十分渴望的玩具，以及臉上永遠掛著毫無壓力的笑容；反觀我呢，因為家裡的遭遇而總是顯得心事重重、過於早熟。

其實，在我很小的時候，我們家也曾經富裕過，台大政治系畢業的爸爸，當時在救國團任職，媽媽則是家庭主婦。在那個年代能夠讀到台大政治系算是很厲害的！也因為他的學歷不錯，所以薪資很高，當時我們全家人都住在救國團的宿舍裡，住宿舍沒有什麼房租開銷，再加上父親很節省，一件衣服可以穿十幾年、吃喝也不注重，也很少買東西給自己，因此存了不少錢。

父親還很有投資頭腦，他把省下來的錢大部分都拿去買房子，陸續在台北買了三間房子租給別人，每個月收入都很多，不僅可以養活我們一家人，還能照顧奶奶和叔叔，家境算是很優渥，童年時候的我也過得很舒服。

可惜好景不常，我們家道中落是從母親投資股票失利又欠下大筆賭債開始。

我們家總共有五個小孩，我排行老二，由於父親長期忙於工作和出差，因此五個小孩從早到晚的種種事情都是由母親獨自一人打理，當時我們住在台北，但母親的娘家在高雄，她跟父親的親戚又不親近，很少往來，等於是一個人孤立無援的帶著孩子生活。

後來，母親開始迷信宗教，小時候我常看著她今天去信這個師父、明天信那個師父，還有一個被神明附身的師姐，她也信得很虔誠，天天往廟裡或修道場跑，跟著那些師父和師姐們修行。

而每次信了師父、師姐，母親就要拿錢出來供養他們、幫他們付飯錢、買東西、建廟修廟……花很多錢在他們身上，長期都是如此，沒有停過。

後來其中有一位師姐跟我媽說她能預知未來的事情，叫我母親去投資某幾檔股票，還跟她說一定會賺，母親信以為真，不斷的投錢進去買股票，錢沒了就去融資借錢，結果最後的下場就是慘賠、套牢！錢越投越多，套牢的金額也變成天文數字。

除了股票師姐，母親又陸續信了其他的師父，其中一個還慫恿她去賭博，印象中其中一種賭博就是賽鴿，但師父都跟母親洗腦說那是道教的賽鴿，不是什麼不正當的賭博！

當時母親為了賭博，常常出門也得把我們小孩子帶在身邊，所以我跟我母親也去看過幾次，雖然當時還很小，但我對那些師父和師姐的感覺非常不好，總覺得賽鴿很不對勁，那些事情怎麼可能會是宗教行為呢？哪有宗教會要人去賭賽鴿的？

但是我一個人覺得不好也沒用，其他姊妹們從小就很挺我媽，都不覺得有什麼不好，結果最後當然也是賠了一大筆錢！但是母親對師父和師姐們的話十分篤信，即使股票和賭博都害她賠慘了，但她還是對他們的話深信不疑，可說是已經到了走火入魔的程度。

最誇張的是，其實我們家本來有六個小孩，就在母親生下六妹時，由於當時有一位師姐不孕，但他們夫妻很想要有小孩，因此師姐就故意跟母親說六妹如果不趕快過繼給別人的話就會早夭，母親一聽很緊張，完全不敢有所懷疑，就把六妹過繼給他們，當時母親還心想，反正大家關係都很好，可以共同扶養六妹，以後不怕見不到。

但是我很反對，一方面我很喜歡小孩；一方面我直覺他們不安好心眼，講話都怪怪的，果然過不了多久，六妹還不滿一歲時，師姐就藉故找事情跟母親大吵一架，吵得莫名其妙之後就互不往來，接著就突然搬家不知去向了，從此再也找不到人！六妹也就這樣跟我們分離，至今二十多年了都不知道她的下落。

欠下天文數字鉅款，一夕之間賠光家產，窮得只剩下自己可以靠！

後來，我們家的情況越來越糟，母親花了太多錢在供奉和修佛上，再加上投資失敗、融資欠款、賭博輸錢，我們家一下子欠下天文數字的鉅款！父親最後只好把三棟房子全都賣掉，又跟公司借了很多錢去還債，但還是不夠，我們也被迫離開台北優渥的生活搬到很遠的高雄去，並且淪為租屋族。

那一年，我才國小二年級，家庭環境的驟變，也讓小小年紀的我對錢更沒有安全感！

長大後聽父親談起，當年母親大概前前後後賠了超過5、6百萬，如果再加上融資的錢，損失早已破千萬！

但是母親對修行依然像著了魔一樣，即使發生那麼多事情、我們又搬到高雄，母親還是偶爾會賭博和拿錢供養高雄的師父、師姐們，她甚至常常會因為要去廟裡或是師姐那邊，而無法準時來接我放學。

我當時大概下午4點鐘就下課了，但我總是等不到母親來接我，每次都等到天黑了，自己還是一個人站在學校後門口傻等，通常要等到晚上7、8點，甚至超過10點多，母親才會匆匆趕來。

當時姊姊已經能自己走路回家，而年紀還小的妹妹們，幼稚園中午一下課就就被母親接去她修行的地方，只有我的放學時間剛好碰到母親的修行時間，因此就只好犧牲接我放學。

而偏偏我的學校距離家裡有好大一段路，當時是因為母親覺得要找一個比較好的小學來唸，而不是離家近的，對小孩子比較好，因此幫我安排隔了兩個學區遠的學校去唸。

那個距離就好比如果我們家是在高雄鳳山中正區的話，那我當時唸的小學就是在大東區，中間還隔著一個瑞興區的瑞興國小！而且我從小就是路癡，因此即使等再久，我也不太敢一個人走路回家。

那時候老師常常看我一個人呆呆的站在學校後門口，從白天站到晚上，所有的小朋友都早已回家了，只有我一個人和頭頂上的蚊蟲作伴。老師一問之下才知道母親的情況，就吩咐一個住在附近的同學陪我一起等，但這卻讓我的等待變得更加難熬，因為我一個人等還無所謂，可是我不喜歡造成別人的麻煩，因此幾次之後我就叫女同學先回家，故意騙她說我媽已經快到了。

事實上，等同學回家之後，我繼續一個人呆呆的望著眼前的車流，每次看到類似的車子經過時，我總以為那就是母親的車，但是連續失望了好幾次之後，我開始明白不到晚上9、10點，母親是不會出現的。

小時候還不懂得什麼叫危險，現在想想，那時候我真的是福大命大，竟然沒有遇到壞人！當時學校後門那麼多陌生人來來去去的，而我一個小女孩總是一個人站在暗暗的校門邊好幾個小時，如果有任何一個壞人注意到我，那我可能就再也回不了家了！

這種情形持續了二個多月之後，我對母親終於徹底失望了，決定每天靠自己走路上學和走回家！雖然我是路癡，分不清楚方向，而且家裡距離學校很遠，每次都要走上1、2個鐘頭才能到家，但是為了避免一再承受等不到母親的恐懼和失望，我寧願辛苦一點花時間記路，嘗試幾次之後，我終於可以認路回家了。

母親看我能夠自己走路回家，覺得這樣非常好，竟然又把去接當時還在唸幼稚園的小妹的責任也順便丟給我！於是我放學之後還要繞路去接小妹，再帶她一起走回家。

從小妹的幼稚園走回家還要40幾分鐘，小妹當時年紀還很小，走在路上常常哭，因為走得很累，走到一半都要我揹她、抱她、哄她，不然她會一路哭回家。

我很心疼她，也覺得母親實在太狠心了，這麼小的孩子就讓她走那麼遠的路，為了師姐連我們都不顧了！那時候心裡對母親不可能沒有怨恨，我不解為什麼她總要從家裡拿那麼多錢去給師姐和師父們？為什麼只顧自己去修行？為什麼不好好顧家、照顧我們？為什麼那些人會比我們姊妹還重要？

而也因為心疼小妹，所以我都會用存了很久的零用錢在回家的路上買甜甜圈或雞脖子給她吃（我國小的零用錢很少，只買得起雞脖子），偶爾我存到比較多零用錢時，會再多買杯可樂給她喝。

有一次下大雨，小妹手中的可樂掉了，加上走得很累、身體又濕濕的，她不舒服得大哭，我趕忙抱著她哄，然後揹著她走回去。在雨中那一刻，我真恨不得自己能有一台腳踏車！這樣就可以每天載妹妹回家，她就不會那麼可憐了！

從那天起，我在學校裡一有空就四處搜尋看看有沒有別人不要的腳踏車？終於有一天，我在垃圾場附近看到一台紅色生鏽的破舊腳踏車，我試一試發現還可以騎，開心得歡呼了起來！一整天都期待著趕快放學，想要讓妹妹也瞧瞧這台腳踏車。

放學後我騎得飛快去找小妹，她一看到腳踏車便問我：『怎麼會有這台車？』我說：『別問這麼多，坐上去看看，以後妳就不用走那麼遠的路了。』

小妹坐上去後笑得好開心，終於不用再擔心腳會走到痠痛起泡了！那段日子，我天天都騎著它上學，到學校後就很小心的把它停到後門不起眼的地方，深怕車子會被別人牽走。

有了那台腳踏車之後，我和小妹都覺得很幸福，我只要一騎上它，就會笑得很開心，一直騎到它實在壞得很嚴重無法再騎了，我才很不捨得的把它丟回垃圾場。

每次想起這段往事，我還是會難過的掉淚，不明白為什麼母親要讓我們這麼小的孩子就承受這麼多的事情？而當年的對母親無止境的等待，也造成了我日後心理上的一大陰影，讓我變得很害怕等人，總是會擔心對方不來了！擔心自己永遠也等不到了！

直到多年之後去學了心理諮商、看了很多心理學方面的書，才比較了解自己的個性和人跟人之間的事情，也知道唯有改變自己的個性，才有可能在愛情上和事業上得到幸福。再加上後來認識了好老公，他給了我十足的安全感，才讓我慢慢地不再有這些童年陰影。

之後的我不怨也不恨，我認為正因為有這些過去，才會有現在的我，即使出社會之後遭遇過各種可怕的逆境，但勇敢承受和努力解決永遠是我當下的第一選擇，因為我沒有背景、沒有退路，從小我就明白，我的命就是『窮得只剩下自己可以靠』！

房子越住越破爛、越搬越小間，『家』不再代表安全感！

一開始，我們在到高雄租的房子也還不錯，但是後來又搬了三、四次家，可能是錢越來越不夠了，所以我們也越住越破爛、越換越小間，有一次甚至是住在只比違建好一點的破房子裡！父母親也開始天天為了錢而大吵。

父親為了盡快還債，開始不分日夜的加班、值班，連重要的節日也一樣，之後我幾乎沒有在人生中任何一個重要的場合裡看到爸爸出現！印象中他總是一直在工作沒休息，即使過年的時候也一樣，他每次都跟母親說：『大家都想排休，所以我能多賺一點加班費就多賺。』

就這樣過了好幾年的租屋生活，父親辛苦熬了好久，雖然還是欠很多錢，但是因為很想給我們小孩一個安定的生活、不再為了租屋而搬來搬去，決定咬牙買下一間中古的透天，那間就是我們的高雄老家。

高雄老家也很破爛，廁所門壞掉不能關也沒修、屋子裡的門把幾乎都是壞的，開門都要用很大的力氣去扳它；馬桶的沖水系統也始終都是壞的，上完廁所還要把手伸進去拉一條線，馬桶才能夠沖水；此外水塔的馬達常常壞掉，一壞我們就沒有熱水可以洗澡，遇到冬天的時候真的是很痛苦！

最誇張的是，每逢下雨天我們家就會像洩洪一樣淹大水，把家具用品都泡壞了，母親後來還花大錢請人翻修，但是漏水和牆壁發霉、剝落等一些有的沒的問題，還是不斷發生。

但這個家帶給我的恐懼還不只這些，高中時我每天都凌晨5點起床去搭客運，結果有一次我走下樓梯時看到客廳電視前有個影子晃過去，我心想：天啊，該不會一大早就遇到鬼吧?!我心裡怕得一直默念阿彌陀佛，並且走上前去想看個仔細，沒想到這個影子突然開口叫我閉嘴！

原來是小偷！我嚇得狂喊：有賊（小偷）！等我衝上樓去叫醒爸媽時，小偷早就衝出門離開了，那次損失慘重，現金和貴重物品全被偷光了。

後來才知道小偷是從樓下的廁所窗戶爬進來的，當初窗戶關不緊，又很老舊，小偷很輕鬆就爬進來了，後來母親也找人重新把廁所的窗戶安裝好並上鎖，但是自此之後我只要一靠近那裡，心裡就會浮現當時的恐懼陰影。

那次的事情之後，才明白原來有時候『家』並不代表安全感，我總以為『家』應該是一個很溫暖、安全、乾淨、漂亮的地方！一個讓我們和小孩都能夠安定成長的地方！然而高雄老家卻完全相反，它總是帶給我們很多的麻煩和問題，也讓一向非常在乎安全感的我，很想趕快有能力離開這個家！渴望能擁有一個完全屬於自己的房子，將來我一定要打造一個『夢想家』當堡壘！

這個念頭開始在我心裡萌芽。

而父親為什麼要買這麼爛的房子？我小時候一直不明白，後來隱約才從父母口中知道，原來從我們賣掉房子搬到高雄之後好幾年，家裡的負債都沒有還清（至今還是有欠款），而父親原本還有好幾百萬的退休金，也都因為還有欠公司錢因此一直沒辦法領，直到我大學畢業開始工作存了些錢，借給父親一筆錢去償還給公司後，他才順利領到退休金。

這些事情當時父母都沒有讓我們知道，而父母到底是欠了多少錢？讓父親一輩子辛苦加班賺錢、賣掉台北所有的房子都還不夠？這個我一直都不是很清楚，我只記得每次要和爸爸開口要錢繳註冊費或是營養午餐費時，就會看見爸爸的眉頭輕輕一皺。

我一直是個早熟的孩子，他什麼話都不用說，我就知道他身上的沉重壓力，因此我總是班上倒數第一、第二個繳錢的，總是拖到不能再拖了、老師揚言要打給家長了，我才趕快補繳上去，不是爸爸不給我，而是我不願意看到爸爸為了繳錢而痛苦，於是我總是拖到最後才跟他開口。

高中時我和大妹是唸同一所學校，那間高中離我家很遠，我得要先騎腳踏車40分鐘到公車站，然後再搭1個小時的公車才能到，是一間非常遠的學校。

高中三年，我每天都是不到清晨5點就起床準備，然後騎腳踏車再轉搭公車去上學，而大妹跟我不一樣，她每天都睡到比較晚才去搭校車。同學們都說搭校車很方便、又快很多，也不用那麼辛苦早起，問我為什麼要每天那麼辛苦的騎車又轉車？很多同學都想不通，我也從沒回答過他們，其實真正的原因說穿了就是：我想省錢！

為了省錢，有時候我會再多努力騎個20分鐘、多騎個幾站，就能再多省下10塊錢！或許對很多人來說，10塊錢根本不算什麼，但是對於當時的我來說，1天如果能省10元，2天就可以省20元，30天就可以省下300元！300元對我來說是很大的一筆錢，可以做很多事。

我還曾經為了省更多的錢，而更提早出門，瘋狂的足足騎了2個鐘頭的腳踏車去上學，騎到腿很痠很痠，感覺快斷了，但是我的內心卻充滿喜悅，因為我知道自己又省下不少錢了！高中三年下來，我每天都是這樣騎車又轉車的去學校唸書，從沒遲到過，連同學都很佩服我的毅力和堅持。

而也因為心疼爸爸的辛苦，我很早就決定靠自己、不再當伸手牌，還沒上大學打工賺錢之前，我就像這樣東省西省存錢買自己想要的東西，所以從小到大我所使用的東西都不是最新、最好的，幾乎都是二手舊貨，但我不以為意。

我和其他姊妹們不一樣，姊姊上大學時用的筆電和手機那些東西，都是跟父母要錢買最新的，但我是用打工錢去買二手的來用，連代步的摩托車也是買一台1萬元出頭的老車，每次騎它時都會發出很奇怪的聲音，一路響，常常引起路人側目，但是我覺得無所謂，因為我騎車只是代步，不是為了要騎好看的。

有時候看到同學家裡又給他們買了什麼好玩的新東西、或是幫他們換了最新款的手機、新機車、買了新衣服、新包包……等等，說不羨慕是騙人的，但是我從不覺得自己可憐，因為我始終記得一句從書上看來的話：『人不因東西而彰顯價值，是你自己內心創造的價值彰顯了你。』我相信別人並不會因為你用名牌包就尊敬你，但是他們會因為你做的事情、你的成就而敬佩你。

那陣子由於常常看到父母為了錢而吵架、為了還債和撫養五個小孩而毫無生活品質，每天都為了幾塊錢在那邊錙銖必較，從那個時候起我就不斷的告訴自己：假如我將來要生小孩，一定要先把錢準備好，不讓孩子跟我一樣過著有陰影的生活！

我一定要讓下一代富有！我不要一輩子都當窮人！這始終是我唯一的信念、也是我唯一的人生目標！

不到20歲成為『打工天后』，第一年業績就破千萬

肉肉又很笨的我，
只能找到以勞力換取金錢的苦工作！

因為不想再看到爸爸為了我的學費皺眉頭，也知道不能再依靠家裡了，我決定高中畢業後推甄到新竹上大學，這樣我就可以趁暑假先去打工，想辦法自食其力賺自己的學費和生活費。

選擇不在高雄唸大學，還有一個主要的原因就是：我和母親的感情一直不太好，心裡也始終覺得自己不屬於那個家，我說過早熟的我從小學時就很想離開家，想要靠自己的力量去一個完全陌生的地方闖天下、改變貧窮的命運！

我希望自己可以在外地好好打拼出一個成績來，不用回高雄靠家裡，因此從選擇到新竹唸大學的那一刻起，我就沒有再回去的打算！我想要找到一個完全屬於自己的地方，建立我的『夢想家』！我在心裡告訴自己：在這個夢想實現之前，我絕不會回去。

於是，高中畢業離開家之後，每天除了上課，其餘時間都在打工，我把自己變成一台工作機器，每天總是不停的打工、打工、打工！不讓自己有任何情感依賴！

離鄉背井唸書和工作有個好處就是：當身邊沒有家人做你的支援和後盾時，你知道自己沒有任何退路，於是只能咬牙前進，就會變得更加堅強和獨立！

我始終認為脆弱和依賴會毀掉一個人的衝勁！你想想看，如果你知道自己萬一失敗了還可以回家去求救、隨時都有家人當你的靠山，那你在打拼時還會拚了命的豁出去、不顧一切嗎？當你遇到任何困難或挫折時，還會勇敢前進、咬牙解決嗎？

可能是從小就不受注目、不被疼愛，再加上個性自閉又孤僻的關係，所以我已經很習慣用『孤單』做為原動力！也很早就明白在這個世界上，只有我能夠陪伴我自己、也只有自己最可靠的道理，因此即使遇到再多的挫折，我總是在心裡默默地告訴自己：『一定要撐過去，只有妳能夠幫助妳自己了！』

一開始我去找打工的機會時，因為一直對自己沒信心，覺得自己不但長得肉肉的不起眼、嘴巴也很笨，應該只能做靠勞力來換取金錢的工作，所以我跟其他女同學不一樣，我都是去應徵一些比較辛苦、很耗體力的工作，像是每天都要搬貨的店員、路邊風吹雨淋的派報員、冰店的工讀生……等等。

我也做過超商的店員，幾乎每天都要幫忙搬貨、扛貨，冬天也要進冰庫去補飲料。後來又去做整天都要站在馬路路口發傳單的派報生，我總是笑咪咪又畢恭畢敬的對經過的騎士喊說：『可以參考看看喔！』一整天都要這樣笑咪咪的，他們覺得妳很親切才比較願意跟妳拿，這樣我才能早點發完下班。

所以剛開始做的工作都非常辛苦，其中最累的要算是屈臣氏的工讀生了。

由於那家屈臣氏是大店，所以我每天都要從下午5點半一直工作到凌晨1點半，每次到了進貨日我就要一個人把一、兩百箱的貨從一樓搬到三樓，每次都搬得我滿身大汗、氣喘吁吁！尤其是沐浴乳一箱有24瓶，一瓶大約是半公斤，所以一箱就有12公斤！壓得個頭只有158公分的我喘不過氣來，手都快斷了，只好先用籃子分裝之後再慢慢從一樓搬上三樓，這樣要來回好幾趟。

在屈臣氏開始打工之後，我每天都累得像條狗似的耗盡所有力氣、全身痠痛，回到家只能倒頭就睡，那份工作的疲累感到現在都還記憶猶新。

但我不會嫌累，因為每份工作在我心中都是一種學習，就算打工薪水不好也沒關係，重要的是可以從打工中學到東西！因為我一直相信，任何在職場上學到的東西將來都能用得上，因此我對打工的態度一直都是用生命在做，就算薪水很低、沒有抽成獎金，但我一樣會全力以赴、非常積極努力的去達成目標！

我常告訴自己：『要做就不要抱怨，要抱怨就不要做。』對於任何工作，我永遠都是當成自己的事業在做！從來不會去計較什麼，也不在意薪水有多少，因為我賺得的是熱情和成就感。比起薪水，當時我更感謝的是用我的老闆給笨笨的我這個機會，只希望不會害老闆賠錢！

自創一套拉客法，竟然可以賣到全省第一名！

後來，姊姊剛好有個機會介紹我去專櫃當銷售員，這對我來說是改變一生的契機！因為在專櫃打工的日子裡，我從商品推銷到跟客人互動的應對上，學到很多做生意的智慧和技巧！

例如：要怎麼把一件並不好賣的東西講的活靈活現，讓客人覺得很喜歡？要怎麼從客人走進來到短短幾分鐘的談話中，猜出對方的職業、喜好和個性，並且把東西銷售給他？……等等，這些對於個性一向比較自閉又不擅言詞的我來說，是非常大的挑戰！坦白說，一開始我根本沒信心自己是否能夠勝任這個工作？也很擔心會不會在第一個月就被公司給開除了！

我的第一個專櫃銷售工作，是在百貨公司賣指甲油，小小一瓶指甲油就要420元，在新竹這個地方算是價位很高的，很多女生都習慣上網買100元左右的指甲油，連我都不知道誰會來百貨公司買這麼貴的指甲油？而且連我自己都不擦指甲油了，到底該怎麼賣給客人？我開始非常擔心萬一自己連一瓶都賣不掉該怎麼辦？

不過我這個人雖然笨，但從小就不喜歡承認自己做不到或是做不好，於是開始努力研究這些指甲油到底有什麼特別的？為什麼可以在百貨公司設點？為什麼可以賣得這麼貴？到底都是誰來買？……

我發覺如果我像其他專櫃小姐一樣待在櫃位等客人上門的話，那幾乎天天都是門可羅雀的狀態，所以我不想跟其他人一樣被動地等待，於是決定主動出擊！

我每天一到櫃位的第一件事，就是先把自己的指甲畫得美美的，我沒有用多高超的技巧，因為我也不會，但是我一定會畫得很可愛，畫一些女生喜歡的甜美圖案，我認為這樣才能吸引客人的目光，而且我每天都會想辦法變一些花樣，一方面可以更了解自己公司的產品、一方面還可以做效果給客人看、增加吸引力。

圖案從小蘋果、豹紋到花朵都有，全部都是簡單又好學的樣式，畫完之後我就會到手扶梯前去發DM、想辦法拉客人來櫃上試擦！

拉人時我自己會加入一些話術，例如跟客人說：『別擔心，試擦不用錢！歡迎來體驗一下最流行的顏色！』然後到了櫃上再利用圖案和指甲油的繽紛多彩，來配合每個客人的不同喜好來讓她們試擦。

如果看到是媽媽帶著小孩的族群，我就會積極幫她們挑選一些可以跟孩子一起互動的圖案和顏色，我會跟她們說：『一起畫還可以培養親子感情、增加相處時間，而且我們的指甲油是水性的，不刺激、不含有毒化學藥劑，連小女生都可以擦喔。』這樣很多小女孩都會玩的很開心，反而讓媽媽更願意多買幾瓶回去。

我的銷售方法和拉人策略果然奏效！才第一個月的業績就賣到全省幾十家櫃點中的第一名！還打敗了所有資深櫃姐的業績，創下那間公司有史以來工讀生銷售額的最高記錄！

當時這麼拼命推銷和想話術，絕對不是因為可以多賺獎金的緣故，因為我只是個工讀生，是領時薪而且沒有業績獎金的，我還記得當時公司給的時薪是90元，比麥當勞還低，而且賣再好、再多，我也不會分到更多的錢，我是真的把這個工作當成自己的事業來做，而不只是一份工作而已，因為我一直相信一件事：心態不同，結果就不同！

接下來，我繼續蟬聯好幾個月的業績王，老闆實在是太開心了，於是破例讓我抽成，只要每個月營業額達到多少目標之後就可以抽趴，我還記得我每個月光抽成就有將近3萬元左右的收入！

而跟我同專櫃的另一個銷售小姐，平常就很愛擦指甲油，而且都塗的都很漂亮，但我的業績卻是她的好幾倍，她很不解的來問我為什麼我的業績會這麼好？

我跟她說：『妳比我厲害、比我會畫，這一點我真的比不過妳，但是我觀察到大部分的客人都沒有空慢慢畫；更何況，就算她們有空，也不見得每個人都能畫得跟妳一樣厲害，所以，我這個不太會畫的人反而可以教她們一些輕鬆上手的圖案，這樣她們就會產生興趣了。』

可能這就是我跟別人不太一樣的地方，我發覺自己看事情的角度和想法常常出人意表，就像在專櫃賣指甲油是我從沒有過的經驗，也沒有任何人能教我，因為她們的業績都沒有我好，但我就是一個不想要被動等待機會上門的人，我喜歡自己掌握所有的狀況！如果現況不好，我就會努力做一些事情來改變現況！所以我會自己想話術、找出吸引客人掏錢的方法！

而賣到後來，我原本笨到不會說話、個性又悶又自閉的缺點，好像也漸漸被改善了。

靠著獨創的《客戶心法》，20歲小工讀生月入快5萬！

之後我更是瘋狂的打工兼差，因為到新竹唸書一切都要靠自己，再加上我唸景觀設計系很花錢，所以那時候的我白天上課，下午去站櫃賣指甲油，然後晚上10點半下班後再去茶飲店打工，一直工作到凌晨。

那段日子我天天都是凌晨回家，隔天一早又要上課，日子確實很累、也很辛苦，但是也賺得蠻多的，我當時還不到20歲，就已經靠打工月入4萬多、快5萬了！

每個人總以為賺錢很難，但是我要跟大家說：如果你們的心思只擺在自己賺錢上，那真的會很難！誰不是整天想著要賺錢？誰不希望工作能輕鬆一點、錢多一點，最好老闆三不五時就幫我們加薪！

如果你跟大家想的都一樣、如果你做任何事情都先想到薪水和福利，而沒有想過老闆要什麼、消費者要什麼？那我可以跟你說，你要賺到大錢絕對很難！即使有機會，你恐怕也沒辦法把握住，為什麼？因為你只想到自己要賺錢、只關心自己的需要。

我常常覺得，有時候無意間你願意多做一些額外的事情，你就會比別人多一分成功的機會！就像我主動去手扶梯拉人來櫃位試擦，從來沒有人這樣做過，其他專櫃小姐都覺得幹嘛那麼累？而且又很丟臉！

而我不過是個小小的工讀生、領時薪的而已，我大可以比正職的專櫃小姐負更少的責任、做更輕鬆的事，跟其他人一樣沒客人光顧時就在那邊納涼、聊天就好，畢竟老闆一開始請我也只是為了補正職調班不夠的人力而已，從來也沒期待或要求我要做出什麼成績來。但是，當我不願意跟別人一樣的心態在做事時、當我只知道要努力付出，而沒想過可以獲得什麼時，我的業績突然間就飛快的成長、比別的櫃姐多了好幾倍！

後來，我繼續邊讀書邊打工，通常一次至少都會兼二份工，但是工作一段時間後，我發覺自己的身體開始吃不消了，畢竟從小到大我從沒那麼操勞過，現在每天都忙到凌晨回家，身體怎麼負荷得了？於是我決定先休息個半年再說。

但我是個不工作會死的人，實際上才休息一個月就受不了了，後來決定還是出去找工作，就到處問朋友有沒有什麼職缺？

當時一個同學也是在百貨公司當櫃姐賣衣服，她說隔壁櫃有缺人，但因為配班的人是一位40幾歲、未婚的大姐，很喜歡說三道四、講人壞話，脾氣又很差、很難相處，因此那個櫃一直都很缺人，我朋友覺得我脾氣好，應該可以適應，所以就介紹我去。那年我21歲，從賣指甲油換成去銷售男性服飾。

那個專櫃的衣服不是普通的貴，一件襯衫就要好幾千元、一件外套動輒上萬元！我第一天去的時候根本不知道要怎麼賣，因為年紀輕輕又沒有什麼經濟能力的我，連自己都買不起了，又該怎麼說服別人跟我買？

第一天上班，那個很難相處的40多歲配班大姐和隔壁櫃的小姐全都不看好我，她們一直嘰嘰喳喳的討論我應該會做沒幾天就走了、看我笨笨的樣子應該一件也賣不掉……之類的，後來我才聽說之前好幾個人都沒有待超過半年。

由於她們一開始就不看好我，所以根本也懶得搭理我，也不太想教我什麼。但是說來奇怪，我天生就有一種不服輸的臭脾氣，別人越是不看好我、越是這樣對我，我就越想做出一些成績來讓他們跌破眼鏡！

而且我還有一種很特殊的能力，就是每到一個新環境、接觸新事物，我就會擁有『變色龍』的本領，能夠讓我很快的進入狀況、融入那個環境和群體。

我通常一到一個新環境，就會開始注意這個環境的特點、觀察周遭人事物的互動狀況，然後以最快的時間融入，並且隨著環境的改變而調整自己，因為我要和大家一起工作和作息，所以不能一個人搞孤僻。

我還記得自己第一天站櫃時業績是掛零！當下挫折感很重，覺得自己這樣子很不應該，於是回家後第一件事就是先上網去查這個品牌的特色，讓自己盡快跟上腳步，了解到它的材質特別處理過，因此耐磨耐洗、不易皺、不起毛球、適合什麼樣的場合穿著……等等。

隔天上班時，我仔細觀察其他櫃的資深櫃姐是如何接待客人的？是如何銷售衣服的？並且找附近的櫃姐們聊天，詢問這個櫃的特點及顧客屬性，甚至是過去的業績狀況。

接著，我會去打聽歷年來的樓冠（該樓層業績冠軍）是誰？並且找時間去看這些樓冠品牌賣得好的原因是什麼？專櫃人員又有什麼特性？然後融會貫通研究出一套屬於自己的銷售方式和話術。

我每天都十分仔細的做功課、再察言觀色看客人的反應，例如在跟客人介紹產品時我會說：『有時候男生的衣服不需要變化很多，一件好的可以穿8年、10年，我們的品牌就是特別耐洗耐磨，雖然有點貴，但是用洗衣機洗就可以了，不用花錢送洗也不用擔心洗壞，因為它原本的設計就是針對強化這些功能、也做過褪色處理，所以耐洗又不會褪色、很好保養……』通常我這樣介紹之後，客人都能接受，因為耐洗耐磨、可以穿很久的特性，比買一件399的衣服卻容易壞、常常要買新的要好多了。

此外，我會抓住每一個過路客，只要他們一經過櫃位我就會很有朝氣的喊：『您好！歡迎光臨！』用聲音吸引他們，當然因為我個頭嬌小，聲音也比較柔弱，所以絕不會大嗓門嚇到客人。

通常聽到我這樣一喊，不管一開始有沒有要進來逛，大部分的客人幾乎都會停下來注意我這邊，這樣就有了好的開始。

還有一招就是熟記客人！像有些客人曾經去過隔壁櫃或其他櫃消費，只是經過我的櫃位而已，但因為我很會認人，所以我都會記住他們的長相，下次看見就會跟他們打招呼；而知道對方姓名的，我就會叫他們的名字，所以我從來不需要強迫消費，業績就還不錯了，也很容易抓住新的客人。

客人進來之後，我一定會想辦法讓他們感到備受禮遇、宛如貴賓！不管是什麼樣的客人，我都不會冷落他們。

像我曾經遇過一個高中生，他逛了很多專櫃都沒人要理他，因為覺得他一定買不起，只有我跟他聊了一個多鐘頭，最後他逛完一圈又回來跟我買，一口氣買了1萬多元！

千萬不要以為當個專櫃人員跟客人聊天很簡單，你得要懂得和不同的人說不同的話，單就這一點來看就非常需要花腦筋了，尤其像我這種從小就自閉、自卑又口拙的人，要跟那麼多的陌生客人開口聊天，一直都不是一件輕鬆的事！

我遇過的客人從教授、竹科工程師、流氓到各行各業的上班族都有，我都會看不同的人說不同的話，跟教授說話和跟做小吃攤的人說話完全不一樣！我並沒有看什麼書或是跟誰學習說話術，所有的話術都是我自已從跟客人接觸的經驗中慢慢改進學習、摸索出來的。

接下來，我會塑造『以客為尊』的感受，我有一個筆記本，裡面寫了滿滿一整本的客戶資料，只要是我接待過的客人，從他的職業、家庭、褲長到穿著習慣和買衣服的頻率……等等，都會一一記錄在筆記本中，所以只要客人來櫃點，我就能和他聊很久，從生活到時事，無所不談，讓顧客感受到我並不是消費完就忘了他。

此外，千萬不要挑客人！也不能有差別待遇！不要以為年輕的學生就一定沒有錢，通常會這樣判斷客人的人也不會是多優秀的銷售員。

我從不挑選客人，而且我還會觀察客人的反應。有的人喜歡自己看，我就會讓他自由的看，自己在旁邊等，不去打擾他，只在他有需要的時候上前做一下介紹。

如果客人是帶女朋友來，我就會仔細觀察是誰在做決定？然後跟對方推薦，再從他們的舉動來了解他們比較喜歡哪一件、他們的需求是什麼？最後再適時的對他們提出建議，通常都很準。

有一次，有位男客進來說要看褲子，我觀察他，猜測他可能是在竹科工作，於是問他是不是竹科的工程師？是不是常常要進無塵室？他說是，我就推薦他一款特別輕薄的：『你如果穿了防塵衣再穿任何褲子都會非常熱，因此需要一件比較輕薄的褲子，穿了會很舒服，即使穿上防塵衣也不會覺得很悶熱和束縛。』結果他一次買了8件。

有一次來了一位小姐，因為通常女生都愛聊感情或小孩，所以我也是用感情做開端。由於她長得很漂亮，我就問她說：『妳老公一定也很帥吧？』，她一直笑說沒有，她老公是個禿頭的老實人，因為前一任帥哥男友交往七年卻劈腿，因此她決定選老公要選個乖乖的，我們就這樣聊起很多感情話題，越聊越久，她也越買越多。

還有一次是遇到一位女教授，我跟她聊了3個小時，聊到後來她還拉老公一起來買，總共買了5、6萬！

我很能聊，因為我很關心別人的感受和想法，自然就會有源源不絕的話題能跟對方聊，想不到從小沉默寡言、總是被別人嘲笑講話很笨的我，有一天竟然可以講得這麼『溜』！還可以靠著跟別人聊天來賺進不少業績！這真的是完全始料未及的大轉變。

所以，抓住客人的心理很重要，我曾經讓一位客人一次買了30萬！那位客人有點痞痞的，我雖然個性不是那樣，但接待他時我就會換成配合他 tone 調的個性，跟他開開玩笑、跟他稱兄道弟，好像很麻吉的感覺，但是我絕對不會跟對方撒嬌，尤其是對有帶女友來的客人更是要小心注意分寸，有時候我反而會跟對方女友更要好，因為有可能掌控權是在女方身上。

總之，無論如何你一定要禮遇客人、記住客人的需求和名字、找話題跟他們聊天，不然他就會走了，再有消費需求時也不會想到妳。

這些讓我業績不斷衝高的《客戶心法》，全部都是靠著自己這個專櫃新手每天細心觀察、加上動腦思考研究出來的，這些銷售心法幾乎所向無敵，連很多資深櫃姐都賣輸我！

第一年就登上樓冠，成為公司有史以來最傳奇的工讀生！

也就是從那個時候開始，我發現自己對於『做業績』的熱誠非常高，因為我覺得那是對自己能力和本事的一大挑戰，很有成就感！所以我每天都要計算自己的業績，曾經有一次下雨天，百貨公司內沒有幾個客人，我們那層樓大家的業績都很難看，有些人還掛零，但只有我那天還是很拚的硬是做了10多萬的業績！把所有人都嚇到了。

如果你們覺得我這麼在意業績和數字，是因為可以抽成的關係，那你們又錯了！這家服飾專櫃是保障底薪制，老闆給全省專櫃人員都是一樣的底薪、沒有抽成，每個月拼死拼活的做、或是閒閒的做，都是領一樣的月薪，每個月薪水還要扣勞健保和稅金。

而且如果衣服掉了我們還要被扣錢，待一年多下來我就被扣了不少錢，因為生意太好，尤其是週年慶的時候人更多，我跟同事兩個人根本忙不過來，這時候就很容易掉衣服。

公司唯一會發獎金的情況，就是當你破業績的時候，公司會加發獎金3千塊，但是破業績是要賣得比去年同月份多30萬，這個很難，也很少人達到！

不過我的業績一直超好的，所以我還是有破業績領到獎金，但是我第一次破了業績之後，下個月公司馬上宣佈把標準提高到50萬！

我聽到之後超傻眼，想說怎麼會這樣？很多櫃姐還笑說這根本是專門針對我而設的『張辰瑜條款』，說公司是要挑戰我的極限！但是我也不在乎，下個月還是繼續破，破到公司的管理階層都覺得我實在是太神奇了！

我待在那個專櫃一年多，業績一直不斷創新高。那時候台灣經濟景氣不太好，每個人的業績都下滑，只有我們這一櫃的表現出乎意料的好，我去的第一年營業額就責到上千萬、打破了歷年來的紀錄！甚至在週年慶那個檔期還躍身成為樓冠！我的銷售業績打敗很多大品牌的資深櫃姐，連已經有二、三十年專櫃經驗的配班大姐都不敢置信。

這可是這個專櫃從駐點以來從沒發生過的事情！破千萬的業績竟然是由一個才20初頭的小女生扛起的！而我做專櫃也不過才第二年，竟然可以做到樓冠，大大跌破所有人的眼鏡！這件事也轟動到週年慶結束的那一個早會，我被公司主管特地叫到台上表揚。

那一刻，我激動得幾乎掉下淚來！這不但是我人生中第一個來自工作上的最大肯定和鼓勵！也是第一個最值得紀念的時刻！證明一直以來我的努力都是對的、沒有白費的！也讓我發現自己可能真的很會賣東西、真的有做生意的天分。

這個轉變的契機，從此讓我看到了自己真正不一樣的價值，也對自己多了更多的自信心！可能也因此注定我遲早會走上創業、做生意的那條路。

20歲業績破千萬的《銷售煉心術》

❶ 絕不承認自己做不到或是做不好。

❷ 如果你的心態只擺在賺錢上，那你要賺到錢絕對很難！

❸ 心態不同，結果就不同！

❹ 有時候，無意間你願意多做一些額外的事情，你就會比別人多一分成功的機會！

❺ 我是一個絕不被動等待機會上門的人！我喜歡掌握所有的狀況，如果現況不好，我就會努力做些事情來改變現況！

❻ 努力研究你的產品和你要銷售的對象，直到找出屬於自己的銷售方法為止。

❼ 主動創新銷售手法，越出人意表、越逆轉思考，越容易成功！

❽ 賺錢不要怕丟臉，『大家都這樣』是不會讓你發財的！

❾ 自己研究銷售話術，對不同的客群說不同的話，話術不能『一視同仁』。

❿ 比顧客還要了解他的使用習慣和目的，你才知道該賣什麼東西給他！

⓫ 培養『變色龍』的本領，在任何環境都能無往不利。

⓬ 塑造『以客為尊』的感受，即使只是一個高中生，也讓他備感尊榮。

⓭ 自備『客戶專用筆記本』，讓你牢記客戶所有特點和喜好，把他們的小事情都當成重點記錄下來。

⓮ 對客戶過目不忘、熱情招呼，即使他是其他櫃位的客戶。

爆紅創紀錄，成為首頁常勝軍

高流量開啟了網路行銷和事業的契機

不想再過無腦的生活，業績最好時決定離職。

那次的週年慶檔期為了拼業績，我把自己搞到免疫系統失調，整雙手就像是7、80歲的老太婆一樣，又皺又粗，上面還佈滿了一粒粒像疹子一樣的東西，又癢又痛！我看了4次皮膚科都沒好，雙手癢得受不了時就一直抓，抓到破皮流血！當時我還很擔心自己的手是不是一輩子都不會好了？

即使把身體搞成這樣，但我也不以為苦，因為我覺得最值得的就是那份成就感，和累積到的寶貴經驗！

或許是從小到大總是不被注意、不被疼愛的關係，因此我發現自己很在意別人的『肯定』，也一直在追求屬於自己的成就感。

小時候，我總是在做一些事情想要得到母親的認同，但是我媽從小到大都沒誇獎過我，不管我多努力表現，她始終都是誇獎姊姊或妹妹她們。

那時候我為了得到母親的誇獎，常常會做一些現在想起來都很蠢的事情，像是有陣子我故意天天早起，趁全家人都還在睡覺時，我就偷偷爬起來拖地，為的就是想得到母親的讚美，結果我拖完一樓的地板，母親看到後只是淡淡的說了一句：『為什麼不連二樓也一起拖？』從此之後，我就再也不早起拖地了！

這類的蠢事還真不少，像我每天拼命的畫畫、做紙雕，也是因為想被大家誇獎、想得獎，並不是真的喜歡做那些事；後來進入田徑隊，也是因為跑得快就會被大家羨慕，所以就天天練習，大家還以為我是有多熱愛田徑！

長大後，我將成就感轉移到工作上，我很喜歡『成交』那一刻的喜悅，彷彿完成一筆交易是很偉大的事情！比起賺錢，我更喜歡當下那一刻的成就感，那表示別人認同我的表現，才會願意掏錢購買。

但是即使在男性服飾專櫃的表現很亮眼，不過在待了一年多之後，我還是決定要離職。

我發現專櫃人員不是我想走的路，雖然銷售業績讓我很有成就感、也學到很多東西，但是這樣的生活太沒有腦袋了！

當時同層樓的專櫃小姐們每天上班都在聊八卦，生活中好像只有老公、小三、小孩和性生活。只要沒有客人上門，大家就很閒散，不知道要幹嘛？我看到她們身處在那個小天地裡虛擲光陰的無奈，讓我警覺到這絕對不是未來我想要過的生活！

即使我想利用時間看本書也不行，因為樓管（樓層主管）會巡視，看書或是做其他事情都是被禁止的，深覺自己很多寶貴的時間都被浪費掉了實在很可惜。

再加上我一直拼命打工，兩頭燒的結果就是荒廢了課業、面臨延畢的危機，起因就是我對景觀設計系沒有認同感，覺得學校教的不是我想要的，但也沒有很想要唸其他科系，所以沒有轉系，而那時候我在工作上學到的東西很有用、也很有成就感，所以就越來越把重心放在打工上，也因為這樣，有一度我曾經懷疑自己是不是不要再繼續浪費時間唸大學了？

但是之前不斷為了打工而蹺課，也讓每個朋友都笑我快把大學唸成醫學院了，我內心也因為這些耳語而開始惶惶不安，我想想自己確實不可能放棄學業、放棄文憑，因此也許當務之急應該是先回到學校把書唸完，其他工作那些事慢慢再說，於是我決定離開專櫃銷售這一行，先回學校再看看接下來要怎麼走。

沒想到一辭職之後，我雙手的怪疹子就不藥而癒了！我猜想可能是因為我給自己的壓力太大了，身體在抗議，所以一離開那個壓力源，病就好了。

不是美女，竟然不到一週就登上首頁！

回學校後朋友介紹我去一家藥局打工，時薪有120元，而且那家藥局地處偏僻、人煙稀少，不但可以吹冷氣，還能用電腦，也可以彈性輪班，正好可以配合我的上課時間。

在藥局打工有個最大的好處就是客人不多，所以我有很多時間可以上網po文。我會開始想要上網po文，是因為當時大學有個同班同學是大美女，她那時候有在玩無名相簿，而且她的相簿人氣超高的，常常登上無名首頁！

我在學校常聽到大家討論她，覺得她好強喔，非常羨慕她，但同時我心裡也很不服氣，就想說那我也來試看看好了。（我這不知輕重的傢伙，真不知是哪來的勇氣？那個女生會紅是因為人正腿又美，但那時候的我肉肉的又其貌不揚，臉上還有痣，拿什麼跟人比？）

不過我也沒想這麼多，雖然我不是什麼美女，但是我可以逆勢操作，提供網友不一樣的照片分享，我相信自己一樣可以讓相簿紅起來，幾經思索之後，我決定主打更新快，相簿名稱多變和封面吸引人的特色。

因為一定要吸引人，大家才會點閱，但可別以為我是用露奶或露腿什麼的來吸引人，這些都沒有！我是用豐富的生活體驗做訴求，裡面常會放一些我和朋友們的聚會活動，像是生日party、周星馳電影主題party，或是制服party等等的照片。

那時候還不太流行舉辦造型party，可想而知我立刻帶起了一股舉辦party的風潮！大概不到一個星期吧，我就開始幾乎天天登上無名首頁了！所有周遭的朋友也都知道我上了無名首頁，大家都想不到我這個胖胖的女生，也不是主打美女牌，竟然還能紅到上首頁！

而且不只是上首頁，我這個其貌不揚的傢伙還是無名相簿首頁的常勝軍！人氣可是不輸班上那個大美女呢。

當時我同時還有一份在女性服飾店打工的工作，那家服飾店的東西非常便宜，貨是從中壢來的，老闆在中壢開了二家，想試看看新竹的市場。但是說來真的很奇妙，明明是同樣的東西，但是在中壢賣得好，在新竹卻賣不好。

這件事當時也給了我很大的啟發，我發覺應用在做生意上就是告訴我們：千萬不要看見別人的東西好賣、熱賣，就想要自己也來賣！盲目跟進的結果，可能就是失敗收場。所以如果想做生意，就一定要找出自己和產品的特色、了解所在區域的消費特性，再來要找對屬於自己的商品才能熱賣。

那段在服飾店打工的日子過得蠻輕鬆的，眼看著店裡的生意沒有太大的起色，而我自己的無名相簿又有這麼驚人的流量，於是有一天興起了把衣服拿到網路上去試賣看看的念頭，跟服飾店老闆詢問後，對方也爽快同意了。

一開始，我還不知道要在哪裡賣？那時候的我還不會使用奇摩拍賣，只會經營無名相簿而已，再加上我對電腦又很外行，所以我想光靠我自己一個人的力量是無法完成的，應該多找個人和我一起合作，剛好我的兩個室友一聽說要上網賣衣服也很有興趣，於是我們三個人就開始了分工合作的『小事業』。

首先，我把衣服單品拍一拍，然後再和室友輪流穿上拍照、做表情、擺POSE，挑選出最好看的相片po上網。我們不但每隔幾天就更新衣服款式，也常常變換相簿名稱，我當時的想法是：如果我們一直用同樣的名稱，可能只會吸引到某一個族群的點閱，但是如果我們常常更換名稱，說不定就可以吸引到更多不同族群的人來點閱。

沒想到，這個行銷方式果然奏效！幾個月下來我們的獲利還蠻不錯的，比擺在店裡賣要好多了，只是當時那個拍賣帳號是借用室友她姊姊的，所以不太方便一直使用下去，再加上後來面臨我們設計系要總評了，大家都越來越忙，拍賣衣服的事情就做得有一搭沒一搭的，因此我們決定暫時先把拍賣夢告一段落。

雖然衣服是低價位，利潤不高，只是小小的賺錢，但是因為網拍要負責的東西很雜：要回答客戶各種問題、要寄貨、要幫客戶處理尺寸問題、要售後服務……我得常常待在電腦前，只要客戶一有問題，我就要飛快的回答，不能讓客戶等太久，不然他們會覺得你的服務不好，所以相當耗時又耗腦筋，算是另外一種難得的學習。

我一直有個理念：工作就是要學習，工作的價值勝過價錢！價錢好算，價值難估！有學習到東西比較重要、也才值得，所以雖然我很窮，但我是真的不在意薪水或收入多寡，不是說好聽的，我在意的是公司和老闆能教我什麼？從這份工作中我能獲得什麼？像服飾店打工和網拍都賺不了多少錢，但是卻讓我對於做生意和網路行銷這一塊有了更多的認識和收獲，這就是工作的價值！

我發覺要做好網路行銷沒有什麼訣竅，就是只有認真努力的去學習和拼命鑽研而已！像我剛剛說的『同一個名稱只有某部分人點閱，換別的名稱可能就會有不同的人點閱』，這個就是我自己鑽研思考出來的，對於網路行銷來說很重要。

在網路上賣東西，你要懂得問自己：

❶ 我要鎖定的族群是誰？

❷ 我想給誰看？

❸ 我的東西有什麼特色？

❹ 別人的東西贏過我的地方是什麼？不如我的地方又是什麼？

這樣的鑽研精神我後來也運用在經營部落格上。不做網拍之後，我多了很多空閒時間，於是開始在無名上面寫寫網誌，但是我從來不覺得自己有資格寫文章、當作者，因為在我心目中，『作家』這個頭銜是被放在非常非常崇高的位置的！

小時候看小說時，我就很崇拜那些作家，真不知道他們怎麼可以運用文字把一個情境故事描繪得如此栩栩如生！他們腦袋裡怎麼有這麼多的詞彙啊？什麼事情到了他們筆下都變得活靈活現的，實在是太佩服了！小時候就很愛看小說的我每次都心想：我這輩子應該是不可能當作家了！

雖然我很愛看書、又很羨慕他們，但是像我講話這麼笨、腦子裡也沒有這麼多的詞彙可以運用的人，想寫個文章出來吸引別人閱讀，對我來說應該是一輩子都不敢奢望的夢想吧。

但我還是很愛看書、買書，不只是小說，只要對我有幫助的、有趣的書，我都會買來好好閱讀。而且我不像其他同學一樣去租書店用租的，我不愛用租的，因為很多人翻閱都把書弄得很髒亂，我覺得好可惜。

我覺得書本身就是黃金、是寶庫！能夠讓看的人獲得非常寶貴的知識和想法，甚至可以改變看書人的觀念，是絕對值得被買回去好好珍藏，所以我都是用買的，然後把每本買來的書都收得好好的，不管搬幾次家都把它們帶著。

直到現在，買書仍然是我最快樂的一件事！你想想看，只要花個2、3百塊，就可以買到那些優秀的人的人生精華和想法，這是多麼划算的事情！所以不是有人說過嗎？看書，是最便宜的投資！

而且，我每次只要想到對於有些作者的遭遇我們可能讀來簡單輕鬆，但是作者在寫出來的背後不知道經歷了怎樣的辛酸和打擊，直到努力過後才能開誠佈公的分享給大家，這是多麼難得又不容易的事情！每次想到這些，我就會更珍惜收藏每一本書。

也許，因為對書的熱愛、以及知道自己還有很多不足的地方，因此一直到現在我都還是保持著藉由看書來向前輩作家們學習的習慣，只要有空就會看書，即使出門在外，我的包包裡一定也會放本書，一有空檔就會拿出來看。

我雖然覺得自己文筆很差，但是相信只要不間斷的持續看書、累積寫作和表達的能力，我相信一定會慢慢擁有越來越充沛的想法和豐富的詞彙，希望有朝一日能讓我變成大家喜愛的作家。（我這輩子最想從事的職業其實是文學作家）。

一篇文章人氣高達30萬，被封為『治療系部落客』！

在藥局打工的日子裡，有將近二、三年的時間我沒事就上網新增網誌。

由於一直以來我都是擔任別人感情垃圾桶的角色，朋友同學間很容易第一次見面就跟我聊內心話，大多是跟感情有關的，也常常有朋友在遇到感情問題時來徵詢我的意見，而我總是不厭期煩的聽他們說、給他們意見，久而久之，不知為何我就成為朋友群中的愛情顧問了。

以前我談戀愛非常理性，我找男友都不是找我很愛的人，而是找一個可以陪伴的對象，所以我談戀愛時都很有主見、有一定的原則。只有初戀的時候我非常認真投入，但是後來我還是把對方給甩了，因為我發現自己花太多時間和力氣去調教對方，但這樣實在太累了，於是決定停損。

之後的感情我都是找個人陪伴的心態大過於愛情，因為一個人在外地唸書真的很孤單、打工壓力又大，特別需要有人陪伴和情感的慰藉。

說起來，過去我雖然長得肉肉的、又不怎麼漂亮，但是我的戀愛經驗其實算蠻多的，從上大學開始到結婚之前，我總共談過七次戀愛，老公是我的第七任。

也因為後來聽多了、自己也經歷過不少，累積了很多感情方面的故事和想法在心裡，剛好那時候在藥局打工很無聊，根本沒什麼事做，所以我就開始上網分享一些關於戀愛、失戀、兩性相處……之類的文章。

當時的初衷很簡單，我只是一直有個信念：想要藉由一些故事的分享，幫助失戀的網友盡快走出陰霾。那時候一邊寫文章、一邊抽空為網友分析感情困擾，後來越來越多人來問我感情問題，我也就越寫越入迷。

我的個性就是這樣，當我做一件有興趣或是有意義的事情時，就會十分執著和投入，執著的程度連旁人都難以理解。

事後想想，我在經營部落格其實就像是在經營一個事業一樣，態度是一樣的拼命和認真，沒有去計算投報率的問題、也從沒去想過利害得失，就只是很想把這個『工作』給做好，因為不想讓信任我的讀者們失望，卻意外的從這裡開啟了更多的機會。

那時候迷上新增網誌，常常熬夜更新網誌和回答問題，覺也不睡、也很少離開電腦前，每天花一堆時間耗在網路上，連姊姊都看不下去，跟我說：『妳為什麼要做這麼浪費時間的事？妳新增那些文章又沒有什麼用，有多少人在看？除非妳有本事做到像「女王」那樣，不然妳做這些到底有什麼意義？』

那時候的我根本不曉得『女王』是誰？但是我天生好勝心強，聽到姊姊這麼說，我就很不服氣，也更努力去經營，我心想：我一定要證明自己不是在浪費時間做沒意義的事情！

於是，我開始參考很多已經成名的部落客的文章，當時有其他寫兩性文章的部落客，有些人專罵男人，他們的文章都會獲得很大的迴響、很多女生支持。但是罵男人不是我要的，因為感情不可能只是一方有錯，而且妳一直罵對方、卻又離不開對方，不是很矛盾嗎？那又何必花時間罵呢？所以我們應該是去思考怎麼做才能讓彼此更好才對啊。

我又看了很多書、研讀很多資料，甚至開始寫部落格之後，我認為自己如果想要成為一個能夠幫助別人的感情專家，講出來的話更有道理、更有根據，那就應該要再去進修來增進自己的知識和能力，於是我又報名去上了心理諮商的課程。

那時候學習這麼多關於愛情和兩性相處方面的事情，並不是為了幫助自己談戀愛順利，因為我並不想花時間和力氣去『經營』自己的感情，一心只想『經營』我的工作和事業！

如果我願意用經營事業的心態來經營愛情，相信一定會經營的很好，但過去我只想努力賺錢，我知道自己如果不努力，將來我的下一代就會跟我一樣貧窮，這是我最害怕發生的事！我害怕將來我的孩子會跟我一樣擔心繳不出營養午餐費！我害怕將來結婚後會跟父母一樣天天為了錢吵架、吵到最後感情變淡！

對於極力想賺大錢的我來說，愛情是比較浪費時間的，所以即使我都知道很多關於如何經營和維繫感情的方法，但是我並不想去做，因為不覺得自己花時間在愛情上是值得的，我只對做生意和賺錢有興趣，只是湊巧自己成為很多朋友的愛情顧問，所以一開始寫文章就挑了愛情兩性來下筆。

當時還不知道自己這樣一直經營愛情兩性的部落格，到底能有什麼用？能賺到什麼錢？但是每當看到有讀者為情傷難過的時候，我就會在線上跟他們說話、鼓勵他們，而為了解答讀者的各種感情問題、為了能夠幫助更多讀者，我把大部分的心思都花在撰寫新的文章上面，所以一直以來我給讀者的時間比給自己男友的時間還要多。

學了心理諮商之後，我也會從自己對感情的矛盾來思考出一些兩性相處的觀點，像是我雖然沒有很看重愛情，但是當對方說要離開的時候，我還是會很難過、不理性，這一點很奇妙，於是有一陣子我就去研究為什麼會這樣？後來寫了很多關於『本來沒有很愛對方，但是當對方要離開時又無法接受的人，要如何認清自己、如何克服這種掙扎糾葛。』這類的文章，幫讀者分析解惑。

就像我跟之前第四任男友分手，雖然當時常常因為工作而忽略愛情，但是跟他分手卻讓我很痛苦。因為他原本是一位常跑夜店、很愛劈腿的男生，但是他在遇到我之後卻願意變成好男人，不過當他願意變好時，我的心卻放在工作上、不在他身上，我們互相珍惜的時間錯過了，所以分手後很扼腕、很痛苦，於是我開始思考到底應該怎麼做才對？

這件事也讓我領悟到：有時候分手是一種動力，會促使自己去做出很大的改變。當時我就不停的思考、常常在想為什麼？我會想要知道在這段感情中我到底哪裡做錯了？我想要成長！讓下一段感情避免同樣的錯誤，這樣才會進步，所以我做了很多的改變，而那次的失戀故事和之後的胖妹大改造還讓我上了新聞。

我後來會跟網友說：『要讓對方離不開自己，最好的方法就是不要害怕他離開！』如果妳有足夠的灑脫和自信做到這一點，對方反而會害怕妳離開。所以，妳一定要做到讓自己即使沒有對方也可以過得很好的程度，先讓自己具備這樣的條件之後，再做好最壞的打算。

慢慢的，我為自己部落格的愛情兩性文章找到一個定位：我認為在感情中每個人都希望自己能幸福，然而幸福的基礎是在於了解對方、珍惜對方。但是我發覺網路上很多失戀勸解文都是在罵男人、責怪男人比較多，事實上也有很多好男人啊，不完全都是他們的錯，我要為他們平反、我的部落格必須走出不同的特色，讓我跟其他愛情部落客有所區隔，因此我動筆寫了一篇叫做《男人也是需要被疼》的文章。

沒想到，這篇文章一推出反應就出乎意料的熱烈，還讓我登上了奇摩首頁，當天瀏覽人次更是高達30萬人！

自此之後，我的文章就常常登上首頁！我開始寫部落格還不到半年就紅了！奇摩首頁、無名首頁上常常都是我的文章，有時候一點開首頁，可能下面是九把刀的文章，上面就是我的。

當時紅到無名的編輯還特地跟我說每篇文章最好都換一下大頭貼，不然很像被洗版。還有另一個編輯跟我說，如果我是轉貼文章的話，一定要註明來源出處，她可能想說一個年紀輕輕的小女生怎麼可能寫出這種兩性文章？應該是引用哪一個名家的作品吧。

但無名編輯可能無法想像，我每天為了寫出不辜負讀者的好文章，無時無刻都在絞盡腦汁，不斷地在腦海裡搜尋著、思考著還有什麼議題是吸引人的？還有什麼是大家想看的？還曾經因為遇到瓶頸寫不出來而失眠，痛哭好幾天，這些背後的壓力，是大家所看不到的。

持續的高人氣，讓我有了更強大的動力繼續寫下去，而也因為文章吸引人，在網路上還引起不少討論，很多七年級的女生都是看我的愛情兩性文章在療癒情傷，還被網友和媒體冠上一個『治療系部落客』的封號。

我的部落格人氣也一天比一天高，於是開始有一些廠商寫信來邀約合作，最高興的是，除了能賺一些外快之外，也終於向姊姊證明了我的堅持不是毫無意義的。

但是網路接案不穩，即使擁有高人氣也一樣，賺的錢總是有一搭沒一搭的，這些都讓我對『部落客』這個身分沒有安全感，同時身邊的朋友和姊姊他們也都反對我繼續當一個部落客，因為感覺不是很正統的工作，而且花的時間又長又累。

剛好，當時大學延畢唸了五年的我也終於要畢業了，我突然驚覺到自己即將要面臨開始償還60多萬學貸的壓力，心裡湧上一股莫大的恐慌！

『最會賺錢的窮人』！連續5年都在調頭寸過日子

每到月底就『月光光、心慌慌、苦哈哈』，為了借錢看盡臉色！

一想到要畢業，我就開始慌了！因為畢業之後我總不可能還是繼續當個部落客吧？我得要找個薪水不錯的正職才可以，但是當同學們趁著畢業前都紛紛找到本科系的工作時，我想說乾脆辭掉藥局的打工，也來好好找個相關的正職工作好了，就算再不喜歡，也比沒工作、沒收入要好。

結果，我去應徵工作卻一個都沒錄取！

因為在學校時我根本沒有認真唸書，不管是 autocad 或 photoshop 我都不會，等於辛苦唸了五年大學畢業什麼都沒學到，根本沒人要用我！我才驚覺原來『畢業即失業』就是在說我這種人。

而且，畢業之後我得開始還銀行60多萬的助學貸款，一個月起碼要還3千元、要還將近20年左右！我這才像被雷打到一樣整個人驚醒，我何止是畢業即失業，根本是一畢業就負債累累啊！想到這裡心情就瞬間跌到谷底。

本來畢業後決定辭掉藥局的打工，但是現在看來也只好回藥局繼續工作了。但即使畢業後變成正職人員，藥局的薪水也沒有多到哪裡去，老闆說他一個月還是只能給我2萬元左右，不過其他同學也差不多，當時政府喊出22K方案，很多公司都不給高薪，一個月頂多2萬多。而我的薪水再扣掉房租、水電、瓦斯、手機費、油錢、吃飯錢、網路費……等等固定開支，根本就不太能養活自己，當下頓時發現，原來自己只是個收入很拮据的上班族而已！

還有更慘的是，其實從上大學開始一直到畢業，這五年多以來我都是在過著每到月底就要向朋友和同學調頭寸的日子！

這一點說出來沒有半個人會相信，我在大學時號稱是『打工天后』、『打工達人』，每個同學都羨慕我可以同時身兼好幾份工作，平均每個月打工賺的錢幾乎都高達4、5萬，比起一般上班族的薪水還要好！而且我從不買名牌、也很少買衣服給自己，那為何什麼還會搞到每個月都要調頭寸呢？錢到底都花到哪裡去了？連我自己都覺得很誇張！

錢會不夠用的原因有很多，我大概歸納有下面7大項害我成為『最會賺錢的窮人』：

❶ 完全靠自己唸大學：

除了租房子的費用、學費和生活開銷之外，唸設計系真的很花錢，做個作業和模型都要另外出錢，以一個小樹模型為例，所使用的石膏粉一包就要50元，而一次模型至少要用到50包以上；輸出大圖一次就要15張以上，再加上其他有的沒的材料費，一個模型做下來至少要花3～5千元，有時候幾個人一起做一個大模型，費用共同分擔，平均一個人也要付好幾千元！

❷ 娛樂開銷大：

最花錢的地方是大學生有很多娛樂生活，我常跟朋友出去玩、買東西、吃喝玩樂、或是辦party，每次都花很多錢，而大部分的同學都是家裡有給零用錢，但我全部都是靠自己。

尤其我朋友很多，除了學校同學之外，我還有多個打工地方的朋友，他們只要有邀約，我就會出去。我還記得在專櫃工作的時候，隔壁櫃有一位大我八、九歲的姐姐就很喜歡享受，她常常會找我去吃美食大餐，有時候一餐就要花上5、6百到上千元，那個時期很多錢都是吃吃喝喝花掉的。

尤其當我發現工作越辛苦、越累的時候，反而會越想要去花更多的錢！好像是一種犒賞和補償的心理作用，所以那時候兩邊的朋友都會邀約去唱歌、聚餐、看電影、出遊……之類的，娛樂開銷很大。

❸ 便宜的東西因為划算而買一堆：

以前的我因為貪小便宜，買東西看到便宜又好用的就會多買，然而多買又不一定代表都會用到，第一次可能因為新鮮而拿來用，到第二次你就會忘記去用它，然後堆在那裡時間久了就忘記了，下次出門因為忘記就又買了一堆已經有的東西回家！

如此日積月累之下，很容易一不小心就花了大把的錢去買到重複的東西，就算都是些很便宜或打折的東西，但累積起來也是非常可觀。

❹ 常買一些不必要的東西：

有時候我只是去個超商，本來只是要買瓶水，卻逛到別的東西，然後東拿一點、西拿一點，最後結帳就不只是18元的瓶裝水，還多了好幾百元的餅乾糖果之類的！

❺ 領薪水的時間快到了：

不知道大家會不會和我一樣，雖然皮夾內沒錢，但腦中卻老是想著：反正領薪水的時間就快到了，可以把下個月的薪水先拿來用一用！（意思就是和朋友調頭寸或刷卡），然後遇到想買的東西毫不節制，心想：反而我只是先預支薪水來買喜歡的東西，下個月一領到薪水就可以還給同學了！這種想法常造成永無止盡的惡性循環！

❻ 交男朋友就等於花錢：

每次談戀愛，很奇怪的我總是會幫對方打扮，從頭到腳都幫他們採買，雖然我自己用的東西都是二手貨或便宜貨，但是我對男朋友卻很好，很捨得花錢在他們身上！別小看這種花費，我曾經有一任男友，他身上總是穿著泛黃和洗到變形的衣服，結果光花在他一個人身上的治裝費就累積超過數十萬元！

我一直認為交往就像是家人一樣，所以對男友很大方，而且常會買很貴的名牌貨，像是專櫃一件好幾萬的外套、一條4、5千塊的褲子、上萬元的手錶、手機……等等。

而且不只是男友，我對他們的家人也很好，我一向認為男友的家人就是我的家人，所以每次到哪裡去都會想到他跟他的家人，一買禮物就是買全家人的，像這樣買下來常常都是一筆可觀的費用，根本就難以存到錢！

❼ 因為愛美：

讀大學時為了改變自己，想讓自己變美一點，所以就跑去點痣和裝牙套。但是這二次都是花了冤枉錢，卻越搞越糟、一點也沒變美！

當時我打工的第一個月好不容易賺了1、2萬塊，結果有一天遇到一位自稱在克麗緹娜做直銷的阿姨，她來過我打工的店裡幾次，有一天突然來跟我搭訕：『妹妹，阿姨可以帶妳去點掉臉上的痣喔，點完之後妳就會變漂亮了。』因為我一直很討厭臉上那些痣，她可能觀察我一段時間了，抓住我的心理。

我也沒有想很多，雖然不認識她，但心想她應該不是壞人吧？於是就跟她約了一天到克麗緹娜公司去點痣。到了那邊，還有一些阿姨也在，她們叫我在一張床上躺下，然後有好幾個阿姨就拿出一包包小包裝的東西，感覺很像試用包，在我臉上開始點來點去的，不一會兒就跟我說點好了，要收費1萬3千元左右。

回家後，我照鏡子才發現點痣的地方有一些流血，我雖然覺得整個過程都怪怪的，但是也沒有很在意，以為這些都是正常的，結果沒想到，傷口好了之後才看出來我臉上那些痣不但沒有點乾淨，點痣的地方還差點傷口發炎！而那位帶我去點痣的阿姨也就此消失、再也沒出現，我就這樣被騙走了1萬多塊！

後來我真正把臉上的『北斗七星』點掉，還是大學畢業開始工作之後，那時候因為經營部落格認識了一家醫美診所，他們有除斑、除痣的機器和療程願意免費提供我試用，我就去那家醫美打了好幾次，才把痣通通都打乾淨。

第二次被騙錢，是因為我一直覺得自己的臉又圓又大、還有個虎牙，很不好看！聽人家說裝牙套可以讓臉變瘦變尖、有修飾臉型的效果，很吸引我，於是在大學快畢業時我決定去裝牙套，並且把虎牙拔掉。

當時找了一家牙醫診所，花了我8萬多塊裝牙套和拔虎牙，結果一年多的療程做完、牙套拿掉時，我一看差點沒暈倒！我的牙齒不但沒有變整齊、臉沒變瘦，而且原本沒暴牙的我，竟然還被那個醫生給整出一口暴牙！只要一笑，我的牙床就整個外露，超醜的！

我就這樣一口暴牙的撐了好幾年，直到後來寫部落格爆紅之後很幸運的被台北東區一間牙醫診所相中，找我合作網路行銷案，並且願意免費送我一套要價30萬元的整牙療程，幫我把牙齒全部弄整齊，我這才終於可以擺脫難看的暴牙，整完牙後感覺臉也真的變小了一點。

我打工賺來的錢，就是這樣東花西花的花光了，結果我雖然賺得多，但也花得多，什麼錢都沒存到！每到月底照樣月光光、心慌慌、苦哈哈的到處跟朋友、同學借，還常常要看人臉色，讀大學的那五年裡都是這樣過的！

連我自己都想不透，明明很會賺錢、明明每個月都有很不錯的收入，但想要用錢的時候卻仍舊掏不出錢來！還曾經因為一些急用沒錢付、加上健保欠費繳不出來，而且到處借錢都借不到，急得我不得已只好厚著臉皮向家人開口，但是家人也沒錢幫我，當下那一刻真是徹底體會到了天天被錢追著跑的痛苦！

沒錢可用的痛苦讓我第一次有了危機意識！也終於認清自己過去的理財習慣和知識根本是零分！花錢沒有計畫、想花就花，完全不會想到沒錢的時候該怎麼辦？這種完全不理財的個性，下場真的很不好，再會賺錢也沒用！

後來我在心裡告訴自己，以後不管再怎樣身邊都要留一點錢，萬一真正有急用時沒人幫忙，還可以自救。

同時賺4份月薪，立誓在半年內還清60萬學貸！

重新回到藥局打工之後，我開始一邊認真思考自己的未來，也因為被同學嘲笑像我這樣整天調頭寸的人，60多萬的學貸豈不是要還一輩子？同學的嘲笑加上金牛座的個性，讓我對於身上一直背著一身債的感覺實在是很糟糕！所以我默默在心裡訂下一個目標：**我一定要趕快賺到很多錢，我要在半年內還清60多萬元的學貸！**這也成為我畢業後的第一個人生目標。

但是在藥局一個月只有1、2萬的薪水，根本存不到什麼錢，半年內要還清60多萬學貸可不是光靠省吃儉用存錢就能辦到的，我需要更快一點賺到錢，而且是賺很多的錢！

不過賺錢哪有那麼容易？我一個剛畢業的小女生，要如何達到在半年內賺到很多錢的目標呢？我開始思考自己還有什麼能力和本事，能讓我找到更快賺到錢的機會？

我列出自己比較有優勢的部分：因為打工的關係，我發覺自己很會賣東西、也很喜歡賣東西，但是我又不想再回去做專櫃，然後我想到自己經營部落格短短半年就爆紅，也有廠商找我寫推薦文，因此我可能有一些經營的頭腦、對行銷宣傳也有一點天分，這樣看來也許我可以往網路行銷這一塊去試試看。

有了方向之後，我開始研究很多跟行銷活動有關的案子。第一位找我做網路行銷的顧主，是一位在台中賣保養品的老闆，當時我寫部落格爆紅，在網路上的名氣還蠻大的，他就透過朋友來留言想要跟我合作，我跟對方互留MSN詳談，聊到後來對方覺得我的概念和想法都很不錯，於是跟我說他台中的朋友想做保養品行銷，問我能否下去詳談？

隔天我就單槍匹馬的帶著一堆資料搭車到台中去跟那個老闆談，當時我把自己當成是一間小型的網路公司，主打專門幫客戶規劃活動、找人推薦產品之類的，我帶去許多關於網路行銷和經營部落格的想法，以及過去成功的銷售經驗，完全不怕生的跟對方完整說明我的概念。

談完後對方很欣賞我，決定每個月給我這個小女生2萬塊的月薪幫他工作，但是考慮到我住新竹、而且晚上在藥局還有兼差，因此特別准許我不用進公司上班，只要我在家幫他安排行銷活動、找人宣傳即可。

之後由於有做出口碑，台中的老闆很滿意，又把我推薦給另一家化妝品公司的老闆，對方一個月給我2萬5，但每週要固定下台中跟他報告，就這樣一個介紹一個，陸陸續續的又有好幾家公司找我，後來甚至有個老闆看中我的網路高人氣，覺得我既然那麼會衝流量，就請我幫他們公司專門寫新聞稿，我只要在家裡自己去找一些議題來寫就可以了。

以前，我總覺得自己會受困於外表，有些廠商可能會因為看我個子小、長得不起眼，加上講話聲音又小而看輕我、不想跟我合作，但是自從幾次接案成功之後，我發覺表面的弱勢有時候也可能是一種『利器』！

也許就是因為一開始讓對方有先入為主的印象、不看好我，但是當我拿出用心準備好的報告開始侃侃而談時，對方很容易被我的簡報內容吸引而有驚豔的感覺，印象反而更加深刻，最後通常都會決定和我合作，所以我從開始接案以來一直都非常順利、常常受到廠商的青睞。

就這樣，才剛畢業的我非常幸運的接了不少案子！雖然賺得不少，但我不以此為滿足，因為很多網路行銷案是階段性的，一檔做完了可能就沒了，除非能一直開發新案子，所以我決定再去找行銷方面的正職工作，這樣心裡也會比較踏實一點。

不過因為不是科班畢業的，過去也只有一些網路接案的經驗，因此在應徵這類工作時很辛苦。

我知道我沒有什麼漂亮的履歷可以說服別人雇用我，於是我就把自己在網路上的資料整理整理，例如經營多久了、有哪些文章吸引人、有多少人次點閱、議題的發想怎麼來的、網路行銷案的成功經驗……等等，再打上我的部落格已經擁有千萬人氣的頭銜字樣，然後寄出這些資料去應徵。

很幸運的，沒多久就有一間公司對我感興趣，工作內容是請我去幫一些店家寫文案，並且規劃行銷活動，一個月給我22K，雖然不多，但是我總算找到了第一份正職的工作，還是十分開心！

工作鐵人！
北中南到處跑，畢業沒多久就月入20萬！

我靠著四處接案、寫文章無意中累積了很多人脈，有些廠商是因為合作過後覺得很不錯，於是案子一個接一個；有些廠商發覺我對網路行銷有獨特的眼光和看法，於是會主動幫我介紹客戶，就這樣一個介紹一個，我手邊的案子一直滿檔沒停過，讓我最高紀錄同時幫4家業主行銷4個完全不同的品牌，每個業主給我2萬5到3萬元不等的薪水。

除了這4家品牌之外，我保持手上固定幫一家公司寫新聞稿，白天還有行銷正職的上班族工作、晚上再回藥局打工，再加上部落格其他寫文的稿費收入，我竟然大學才剛畢業沒多久，月收入一路攀升從10多萬到將近20萬元！這是從開始打工賺錢之後，第一次月收入這麼高，我非常開心！

所有同學都不敢相信，這個整天都在跟他們調頭寸、大學畢業還找不到本行工作的傢伙，現在月收入竟然是他們的好幾倍！對他們來說，這是不可能發生的事！大家都很想知道我是怎麼辦到的?

我最開心的不是來自同學的羨慕和佩服，而是我終於找到自己能充分發揮的興趣和事物了!也很確定自己很適合走行銷這一行，而如果行銷能跟賣東西結合的話，那就更適合我了!

但是我並沒有被高收入沖昏頭，我很清楚網路充滿了未知數，你無法預料什麼時候會爆紅、也無法得知自己何時會被淘汰，所以不能依賴網路接案過活。

而且網路行銷的工作雖然順利，也讓我學得了些皮毛，但是畢竟在家裡工作的人很容易眼界窄、格局小，因此我自知這樣仍然不夠，我不能因此而滿足於現狀，加上當時行銷正職的工作內容也很單一，無法讓我持續學習進步，所以我覺得自己必須走出去，看看更廣的世界。

剛好當時有一家出版社老闆找我去當編輯行銷，那家公司同時也是從網路起家的銀飾品牌，每次開會都是20幾個員工一起開，對剛出社會的我來說真是開了眼界，心裡也很羨慕，每次看他們業務在報告績效時，都會偷偷的想:什麼時候我也能有一間這麼賺錢的公司和品牌?

當然我知道這些都只是作夢而已，一個才剛畢業沒多久的大學生哪可能自創品牌?還是趁年輕時多努力學習比較實在!不過，自此之後創立品牌的夢想也開始在心裡萌芽。

那家出版社老闆很希望能挖我過去上班，跟我說之後說不定可以幫我出書，這個提議剛好跟我的目標計畫不謀而合。

我曾經算過，如果一直都很認真的經營部落格，就算日後當上部落格界寫文行銷的第一把交椅好了，一篇稿酬大概可以拿到7、8萬、一個月最密集的交稿量估計15篇，這樣一來，月收入最多可以有105～120萬元。但這是指稿件滿檔、而且沒有任何意外的狀況下才能領得到，以台灣部落客的發展來看，這種天價收入有幾個人有賺到過？

比較真實的情況是：市場上能給到一篇稿子7、8萬的廠商並不多，再加上一個月要接到15篇稿子也有很大的難度。所以平均來說，每個月都有數萬元收入的部落客已經算是很不錯的了；而每個月收入有10幾萬以上的，就可以算是A咖級部落客了！但是以我想成為有錢人的目標來說，這個收入並不算多，而且還會耗去我大部分的時間和精力。

雖然我一直都算是很幸運的，經營部落格大約半年多就開始有廠商找上門合作，不過我始終很清楚這種收入都算是被動的、不穩定的，你想想看，假如一整個月都沒有廠商找你合作，那不就沒有半毛收入了？

更何況，就算我真的很努力認真的經營個三、四年，頂多也只能擠到部落客排行的前幾名，而當個排行前面的知名的部落客又如何？這真的就是我要的嗎？我深知部落客接案不穩是一個危機，所以我一定要讓自己走出去、有所改變！

和我同期的一些部落客都很不解，為什麼我不好好的經營部落格就好了？努力多接一些案子收入也可能更高，何必要去嘗試那麼多工作、把自己搞得那麼累？

累歸累，但是我的思考放很遠，我相信『想要擺脫貧窮，就不能做會讓自己陷入貧窮的事！』我不太相信網路這件事，即使我目前還算紅，一旦我不紅了、走下坡了，或是接不到案子了，甚至是部落格解體了、行銷方式改變了……這些收入不就泡沫化了?!

對金錢非常沒有安全感的我，靠部落格接案賺錢等於是把人生賭在一個未知的風險上，我無法為了喜歡發文、喜歡跟網友互動，而選擇一個不能確定的未來，即使那是我最喜歡的工作也一樣！

這些觀點後來救了我，在2013年底無名小站宣布關閉的時候，對於那些把部落格當作主要收入來源的人來說簡直是一大打擊！畢竟轉換平台等於要重新開始養站，而少了奇摩做後盾，部落客等於頓時失去依靠，有一些起步比較晚的部落客乾脆就放棄經營了，很多人這才開始思考他們的下一步該往哪裡發展？但是要轉型或重新出發都要花更多的力氣，不是很容易。

幸好我很早就了解到，部落客這個行業不可能一輩子，我絕對不能把自己定位為一個部落客，我如果想要更成功、賺到更多的錢，就一定要想辦法走出去！

所以即使當時我在網路上越來越紅，還被網友和媒體封為『治癒系部落客』、『女王接班人』，找我合作的廠商也越來越多，但是讓自己轉型改變、跳脫部落客的身分，是我當時最迫切想要去做的事！

而出書、轉換到作家的身分，不但可以讓我從數百萬個部落客中脫穎而出，也是讓像我這樣的素人快速成名的最好方式！因此我告訴自己：如果能有出書的機會，我一定不會放過。

『八爪章魚賺錢法』，最高紀錄同時身兼6份工作！

於是不管再累，我答應了台北出版社的邀約，每天從新竹通勤往返到台北去上班，當時我手上同時還有高雄、台中、桃園和新竹的案子，再加上去台北上班和晚上藥局的打工，我幾乎天天都睡不到3個鐘頭！

甚至有幾次從台北的出版社下班後，我又直接搭夜車到台中和老闆報告進度、假日再去桃園和另一個老闆報告進度，那段日子我大部分的時間都是在客運上度過的。

在客運上我也沒閒著，我會利用坐車的那段時間發想一些新的行銷創意，或是構思部落格文章要寫什麼，一直絞盡腦汁在工作上，就這樣多頭馬車的操勞了半年多的時間。

這幾個公司我都經營了很久，他們對我也很照顧，不用去上班，卻是跟他們用領月薪的方式合作，我會幫他們想活動、找人出席和po文，然後每個星期報告一次進度，那時候口碑做出來，很多公司上門邀約，連高雄都有一間蠻大的診所希望我能去上班，但我實在沒辦法，只好放棄。

接到後來手上實在是太多案子了，每個月都有好幾個工作同時在進行，最高紀錄我一次同時做6個工作、月收入是其他同學的好幾倍！但是過度操勞的日子也讓我每天都精神不濟、睡不飽外加體力耗盡。

同時要做這麼多工作實在好辛苦！初出茅廬的我也才23、24歲而已，還沒見過什麼世面，卻有著天不怕地不怕的個性，也從沒想過一個女生這樣北中南跨縣市的四處接案會不會有什麼危險？我總是先做了再說，因為不想辜負任何人對我的期望，但是我後來發現其實這樣什麼都做很難專精，有些工作難免會做得不盡理想。

半年多之後，我實在是太累了，決定不賺稿費，重心都放在接案上，投報率比較高，每個案子將近3萬元，每個月都保持至少接3、4個案子以上，也就是在這個時期認識了免費幫我點痣和整牙的客戶。

那時候我唯一的目標就是趕快賺錢、還學貸，所以從早到晚都在拼命工作，連假日也不休息，也不再跟朋友出去吃喝玩樂，朋友還笑我年紀輕輕就活得像個老人家一樣，每天把自己關在家裡拼命工作，這樣人生有什麼意義？

我聽了也只是笑笑，並不反駁，因為我知道自己的目標是什麼，我也早就學會：『在成功之前不需要浪費口舌和別人爭辯，當你努力有了成果時，讓成功幫你說話。』

就這樣，『八爪章魚賺錢法』果真讓我在短短半年內就存夠錢、達成目標還清60多萬元的學貸！我還記得自己去銀行還錢的情況，前面二次還了基本額度3千元之後，第三次開始就是除了3千元之外再加上5、6萬元到10萬不等的還法，最後一次是全額付清！

回想『八爪章魚賺錢法』的那段日子裡，我之所以每個月都能賺到那麼多的錢，除了努力之外，最重要的應該是抓準了時機、起步早。

當時我看到網路行銷這一塊正要流行起來，也因為起步比別人早，因此能開拓到一些對網路行銷也有興趣嘗試的廠商客戶，漸漸的做出口碑，但因為競爭的人比較少，所以案子一直找上來沒斷過，到後來做網路行銷的人和公司越來越多了，競爭太大，沒有一定的資歷和背景很難接到案子，更別說是一個剛畢業的小女生了。

而那些在當時嘲笑我只會像個老人一樣生活的朋友，因為求職路一直都比我順利、又有家人當靠山，所以少了賺錢的危機意識，在放縱自己享受和玩樂了好幾年之後，才開始想到要認真的找個工作、好好賺錢，不過那時候我和他們的人生已然拉開了很大的距離。

24歲賺到人生第一桶金，年收入破400萬

——我不是領高薪就好，我還要變成有錢人！

『醜女大變身』減肥勵志文，翻轉我的命運！

還完學貸、無債一身輕之後，我繼續過著一樣的日子，下班後又回到藥局打工，並且住到藥局樓上，讓自己一邊工作、一邊經營部落格。

而雖然我很自傲自己短短半年就還清學貸，創下銀行的紀錄，但是當八爪章魚什麼都要賺的結果，就是每一樣都無法做到專精、很多事情都做不好，有一度在出版社的工作還不熟悉，沒有做到老闆的要求就被狠狠罵了一頓，罵過後我努力加班，不但把進度計畫表趕出來、又多列了很多行銷宣傳的點，才讓老闆笑著誇獎我。

但是在那一刻我才發現，原來自己也是有極限的，那段日子的過度操勞已經讓我累到心餘力絀，不管在體能或是腦力方面都有嚴重透支的狀況，因此開始思考是否應該放棄一些工作？

剛好在前一陣子我因為失戀而想要瘦身減肥、改造自己，但是嘗試過很多方法都無法成功，包括拼命節食、吃紅酒加起士（自己還偷加一小片火腿一起吃，覺得這樣比較好吃，下場就是變得更胖！），還曾經學人家每天只吃御飯糰加有氧飲料……等等，大概各種減肥法都試過了，也全都失敗，後來無意中看到藥局老闆娘有吃一款來自日本的產品成功變瘦了，我很好奇，於是也買來吃吃看。

這支產品是三種一組，名稱是Q10、海豹油和胺基酸，本來已經默默在藥局賣了一年多都賣不好，我也很少注意到它，後來試吃之後，沒想到竟然才半年多就讓我從原本的7、80公斤瘦到41公斤左右，足足瘦了3、40公斤！

成功減重瘦身之後，我覺得自己整個人都變得更自信亮麗了，不但人瘦了一大圈、連五官都變立體了、身材的曲線也出來了，還能穿上我之前就一直很想穿的XS號牛仔褲，感覺整個人就是『醜女大變身』！不但跟之前差異很大，連工作運都變得更好了。

當時我的兩性文章還是很夯，但是我知道自己必須要一直有新的話題來維持部落格的熱度，所以我想了想，兩性的議題講夠久了，不如就來講瘦身好了。

而要講瘦身，就必須要有故事，於是我就把自己是如何因發胖而導致被劈腿、分手，失戀後又是如何立志減肥，一直到減肥成功、醜女大變身的勵志故事都整理下來po上網（就是後來上新聞的第四任男友的故事），po文中我還加上很多關於飲食、運動和美體瘦身操的文章。

沒想到一po文就引起廣大的迴響，造成光那一篇文章就有高達40萬人次點閱的新紀錄！後來又連續po了好幾篇關於減肥瘦身的故事，每篇都有超高人氣，天天都有很多人來留言給我。

瘦身對我來說所代表的意義不只是變美，更開心的是我的例子無形中也帶給很多網友希望、激勵了他們！曾經是胖子的我，非常清楚這個社會有多現實，歧視胖子的人一堆，像我也是瘦身成功之後才意外得知，以前曾經被前男友的朋友們暗中嘲笑我的下盤很肥大！如今我有機會變身成另外一個人、開闢另一片天空，很多人都對這樣的成果驚為天人，讓我也很想把這支產品推銷給更多人、幫助他們改變。

而也因為我的分享造成藥局這支瘦身產品大熱賣，當時雖然是全省的藥局通路都買得到，但是大家都以為只有我們新竹這間藥局有賣，所以都來跟我們買，也因為實在太紅了，讓藥局這支原本庫存還一堆的商品瞬間變成熱銷品，還常常賣到缺貨！

藥局蔡老闆非常高興，也很訝異有這樣的好成績，到處和別人誇獎我（但是因為他個性非常低調，跟別人誇獎我這件事是大約四年後我才知道，可見他有多低調了），而我無意間的po文分享，也意外演變成用部落格信箱留言和email賣東西的新模式（因為我不喜歡部落格商業化，因此從不在上面直接銷售產品），後來還有許多廠商也來找我合作相關的銷售案。

po了瘦身文和產品文之後大受歡迎，我發覺這樣的賺錢方式似乎也很不錯，我不但很會賣東西、也很喜歡賣東西，因此也更確定自己朝這個方向去發展是對的！

產品大賣之後沒多久，我跟蔡老闆開口想先辭掉藥局的工作，一方面是在藥局打工同時又身兼數職真的很累；一方面是在藥局待太久了，有點受限，我很想到外面去走走看看、歷練一下。

蔡老闆一聽到我要離開時嚇到了，他是個不多話又低調的人，平時很少跟我互動，他當下沉思了許久才提議說，不然他給我一批貨讓我自己去試賣看看，賣得的利潤我也可以分，希望我能留下來。

這個轉變有點在我意料之外，我當然很希望有機會自己也能來做生意看看，而不只是一直在幫別人賣東西而已，如果蔡老闆真的願意讓我試試看，對我來說是多麼難得的機會和挑戰！於是我決定留下來，同時開　了我跟蔡老闆第一次生意上的合作。

不花一毛錢行銷，產品熱賣到上新聞！

產品爆紅之後，蔡老闆決定不再透過中盤商拿貨，而是直接跟日本進貨。我們的合作方式是：他用一定的金額批貨給我，然後對外賣多少錢、打不打折我自己決定，例如他以一組2千多元批給我，對外銷售的訂價可能是3千多，這樣中間的價差就是我的利潤，整批賣完後再結帳，我等於是他的經銷商一樣。

蔡老闆非常精明，他批貨給我而不是直接給我抽成，一來他會比較沒有囤貨的壓力；二來，如果我夠努力，賺的一定會比抽成還多。他早就看出我的企圖心和愛銷售的個性，這樣我絕對會更拚了命的去努力銷售，因為能賺多少全部掌握在自己手上，我很喜歡像這樣不斷去挑戰自己的能力！

跟蔡老闆合作之後，我開始在網路上弄團購、揪團，並且發掘一些有潛力的部落客新人幫我發文。

之前開始寫部落格的時候，我就會花很多時間上網去觀察一些東西，研究大家的消費習慣和消費心理，常常東看看西看看，連別人在流行什麼、現在年輕人喜歡什麼，甚至是朋友的感情動態都是我研究的目標，有時候他們寫一些情感的文字，都會勾起我的靈感。

我很喜歡像這樣想一些有的沒的，有一次男朋友的朋友分手，但早就被我猜到了，因為只要往前推三個月，觀察那兩個人的互動和互相按讚的狀況，就能猜測到一些端倪了。

曾經聽一個日本企業家說過：要當一個創業家，至少要做到1000次的『思想舉重』。

看到這段話之後我才想到，我從小就很喜歡觀察別人和周遭的事物、喜歡思考、常常想一些有的沒的，也許剛好讓自己不斷的在鍛練大腦的思考力和創造力，才會讓我很多想法都跟別人都不一樣，也常常讓我有一些出乎意料的創舉，也許這就是我比別人更會賣東西的緣故。

這些觀察力的訓練也讓我看人的眼光很準、很敏銳，所以我找來幫忙po文的部落客當時都還沒有紅起來，但是我看中她們的獨特性和潛力，因此大膽跟她們合作。

主要也是因為蔡老闆沒有給我任何行銷預算，所以我們花不起錢請大牌的部落客，只好去挖掘有潛力的新人，新人比較好配合，我先請她們試吃我們的產品，如果有效，她們就會幫我們po文宣傳，結果事後證明我的眼光獨到，早期跟我們合作的人後來都紅了，我們的產品也大賣！

我成功的利用了這些部落客的『口碑行銷』，讓這支產品比之前更紅、更熱賣，紅到後來還引來動保團體抗議我們販售海豹油，這件事還上了新聞，之後我們就改用魚油代替，連帶的市面上其他所有海豹油產品都不能販售。

產品大賣，但是我完全沒有花到蔡老闆一毛錢做廣告！不像其他品牌大多是交給行銷公司承包，但我自己就等於是一個小型的行銷公司，我很會動腦筋、想點子，所以什麼都是自己來，省下一大筆錢。

像這樣幾乎是零預算的行銷方式，在任何品牌中都是不可能發生的事情，但是我做到了！當時業績好到光靠這支產品，藥局一個星期就有300萬元的進帳！而且還是只在新竹這間藥局賣而已，而我賺到的第一筆利潤就將近40萬！

第一次靠賣東西賺到這麼一大筆錢，我拿一部分給家裡，我在父親臉上看到他的感謝和肯定，那神情讓我第一次感受到被人需要的感覺、覺得自己很重要！我知道自己這輩子都要持續幫助家裡了，這是我的責任，我只能前進，不能後退！

當下，心中也漸漸浮起了我一定要有一個能夠長久經營的事業的念頭，這樣才有可能賺到更多的錢來照顧家裡。

24歲，賺到第一桶金又成立第一個專屬品牌。

和蔡老闆第一次合作就大獲全勝，他完全沒料到會賣得這麼好，所以一開始我們也沒有預期銷售目標要訂多少，但因為我是一個責任感很重的人，不是我出的進貨本錢，就絕對不能讓別人賠錢！所以不用蔡老闆督促我，我就努力做到每個月的業績都有成長，蔡老闆也樂得放手讓我去發揮。

24歲那一年，我每個月的薪水加上接案費、部落格稿費，再加上跟蔡老闆合作的產品銷售利潤，月收入從20萬元快速攀升到3、40萬以上！收入最好的那個月讓我賺到人生的第一個100萬！那一年的年收入就破了400萬！

短短時間內，我創下了一個不可能的賺錢紀錄！也出乎我自己的意料之外，我從沒想過一個延畢生也可以如此幸運的接案不斷、又有機會合夥做生意，完全沒經驗的我竟然可以一年就賺到藥局好幾年的營收！

第一次的勝利並沒有讓我沖昏頭，我反而更小心翼翼的思考起未來，賺到第一個100萬，我馬上想到的是該如何用這筆錢再去創造第二個100萬！我不停思考該如何讓這樣的好成績延續下去，而不是曇花一現，這是我最迫切想知道的答案。

於是我慢慢的從源頭去發想，我發現不管過去是做哪一份工作，『銷售東西』一直都是最適合我的、也是最能激發我賺錢天分、同時也是讓我做得最開心的工作。

我接著再想，如果我想要更長久的持續賺錢下去，那麼目前的賺錢方式是不夠的，我一定要把自己變成個一個品牌！因為唯有建立一個好的品牌，並且不斷開發出獨特的產品，我的路才能一直走下去、才能走得長久，我的收入也才有可能持續擴大！

而等到收入擴大、賺到很多的錢之後，我就要轉投資把這些收入再加倍放大！這是我的目標和野心，我不是只要領高薪就好了，我還要變成有錢人！

那一年，我第一次有了創業的念頭，但是當時對於哪來的錢創業？該怎麼創業？其實一點概念也沒有，我只是告訴自己一定要像這樣子持續賺錢下去，而既然手上已經有了暢銷的產品，似乎應該有一個屬於自己的品牌或是公司，這樣才能更有計畫、更有規模的去賺錢。

但是想歸想，要建立一個品牌哪有那麼容易？如果有，早就一堆人成功了，還會輪到我嗎？尤其我沒有任何背景、靠山，更沒有人脈和資金，一個剛畢業、才20多歲的小女生，手中只有賺來的一些錢而已，這樣一個什麼條件都沒有的人該如何建立品牌、做出一番成績？現在回想起來還真是為當年的自己捏了一把冷汗，不知是哪來的勇氣說服別人支持我創業的！

剛好和蔡老闆的合作大成功之後，開始出現一些人想要來挖角、跟我合作，有來自代工廠的人、有企業老闆，也有蔡老闆兒子的朋友……他們都很積極的想要搶我，蔡老闆這才開始有點緊張，本來他是屬於防衛心很重、不太信任別人的人，所以即使銷售成績很不錯，但他還是一直在觀察我，沒有想要進一步的合作，直到那時候他才來跟我談，覺得我們的合作模式應該要更有默契、更穩固才行，問我的想法如何。

我趁機跟他提議一起成立公司或品牌，我跟他分析：我覺得一定要有品牌才會有自明性，消費者才會知道要指名購買XX品牌的XX產品，而不是到商店說要買魚油，這二者的差別很大！我們第一支產品既然已經成功了，就應該要讓人家知道這支產品是屬於我們品牌的。

當時對於創立品牌的概念是：我想要打造一個能讓所有的女生都可以輕鬆變漂亮的品牌！

訴求所有女人都會喜歡、從頭到腳的產品我們都有！而除了第一支商品之外，將來也會陸續開發不同的商品。

我一開始就選擇走『台灣品牌ＭＩＴ』的路線，但是絕對不走直銷！高中時我曾經被做直銷的同學逼買過產品，自此之後內心就十分排斥直銷的推銷手法，所以我跟蔡老闆說，如果要做品牌，就一定要做一個『用口碑建立起來的好品牌』，我希望是消費者使用過後覺得很有效而成為死忠客戶，靠的不是強力推銷，而是口碑建立。

蔡老闆認同我的品牌經營理念，但是他一直很保守，擔心我一個剛畢業的年輕人要怎麼把公司做起來？因此最後決定先創品牌、不設公司，然後蔡老闆找上他朋友的兒子和另外一個男人共創的公司，要借對方公司來當我們的掛名公司，以後我們的產品和品牌就先掛在他們公司名下來運作。

其實蔡老闆從沒想過要和我這個剛畢業的小女生合組公司，所以覺得先找別人的公司當人頭比較方便，沒想到這就是造成日後發生一些問題的根源。

就這樣，我們終於在合作的第一年一起創立了自己的品牌，叫做『ＸＸ小舖』！那一年是２００８年，大學畢業的隔年，我24歲，已經賺到人生的第一桶金、也成立了自己的第一個品牌！而算是一直屬於『人生失敗組』的我，好像已經看到翻身成功的契機，準備從窮苦小上班族，跨出邁向有錢人的第一步。

當機會不主動上門，你可以主動去找。

有了自已的品牌之後，果然部落格和事業是無法同時兼顧的，再加上我們決定不再從日本進口產品，而是直接進口一模一樣的原物料，再透過蔡老闆的關係找到工廠直接生產，外包裝印上我們ＭＩＴ的品牌名稱，成為自己的品牌來銷售，所以事情越來越多、越來越忙。

而我決定要讓自己成為專業的經營者，因此需要更多時間去專注發展我的品牌，一直以來身兼太多工作早已讓我不堪負荷，思考評估後決定只留下藥局的打工，其他工作全部通通都放棄，也包括台北出版社的工作，不過後來那家公司發生一些問題，我的出書計畫也就跟著不了了之。

成立品牌之後，還是不斷有廠商找上門，希望我能幫忙接案，但是我通通都拒絕，除非廠商的合作提案能幫我突破部落客這個身分框架、讓我走出一個新的定位，不然就不接案。

我不是嫌棄部落客這個身分，而是我很清楚，我不能、也不願意一輩子都當部落客賺接案費！我要重新塑造自己的定位，才能從三百多萬個部落客大軍中脫穎而出。

我本來是寄望靠出書來轉換舞台和身分，但是上一次的出書計畫告終之後，我發現我的部落格雖然流量很高，但是卻沒有半家出版社找上門，而我的最終目標還是想出書，所以如果有機會紅到上電視或是被新聞報導，就有可能被出版社相中出書，我開始想辦法找機會和廠商合作上新聞，我不斷思考著可以和廠商創造出什麼樣的新合作模式。

幾年前，我們這種素人部落客要爭取上電視、上新聞非常困難，在記者眼中我們不是明星或名人，比較沒有報導的價值，所以我努力幫自己找出有機會曝光的新聞點，然後跟一些廠商說：『如果你們能幫我創造加分的效果、在媒體面前讓我好好曝光，那就算免費接稿也願意！』當時很多部落客都想跟廠商談高價，但我反向操作跟廠商合作，反而吸引到更好的機會上門，這是很多人連想都沒想過的策略。

其實很多部落客是不願意免費接稿的，畢竟這是他們唯一的收入來源，但是我的想法一直都跟別人不一樣，我是個有可能免費接稿的人，並不是因為我不缺錢，我沒有家庭支持、沒有人脈背景，一直都是出門在外靠自己生活，所以我比任何人都更需要錢！但是即使再沒錢，我還是很願意免費跟能幫我創造出更大價值的廠商合作，這是因為我很清楚：要賺到很多錢，要先『投資』！

越窮，就越要『投資』！投資有很多種，買基金股票是投資，免費跟廠商合作也是投資！當時我很知道自己缺的是什麼、需要的是什麼，所以即使沒有賺到錢，能換來機會就值得了。

沒多久，三菱汽車找上我，他們提出一個企劃案讓我和一個女藝人搭配拍宣傳照，並且在奇摩首頁曝光，我答應了，並且自動降價接稿，因為我很清楚這個廣告一上，我的定位就開始不同！

果然廣告一放上去之後，有更多公司找上門來，有個老闆直接跟我說他想和我合作一系列新聞稿的宣傳，也就是借我的名字放在新聞稿裡、幫我打知名度，而我不收費，他也不會和我收宣傳費，互相加分。

我還主動提出我可以談一個主題：『如何靠失戀賺錢』，然後跟廠商配合他們的代言人一起上新聞稿，結果第一篇新聞稿發出去就有記者來採訪了，內容就是我如何被定位為『治療系的愛情專家』，剛好切合現代人對心靈和情感慰藉的需求，所以很有話題。

這個合作機緣的成功，也讓我後續不斷地在廠商發給媒體的新聞稿中曝光，我得到的效益是單純收稿費的好幾倍！也成功吸引到電視新聞媒體的注意，沒多久東森新聞的記者就找上我，連續做了二次專訪，之後陸續有更多平面媒體、網路媒體，和其他電視台來採訪我、報導我的故事，之後就開始有好幾家出版社來找我出書了！

因為我一直都有非常旺盛的企圖心，我知道要媒體找上門，我必須先懂得如何自我行銷宣傳、讓媒體看見我，我認為最關鍵的一點是：當機會不主動上門時，你可以主動去找！

所以，成立品牌那段時間前後，我的瘦身故事也開始一直上新聞、幾乎天天都有媒體來採訪我；報紙、網路、電視新聞都一直來拍我的故事，也有更多的節目來邀約，同時有許多節目來找我當來賓，於是在媒體的推波助瀾下，商品繼續熱賣，不斷的賣光又再追加，很多時候連出貨都來不及！

當時我跟合夥人蔡老闆還很開心，以為能這樣一路順遂下去時，豈料真正可怕的難關才正要來臨。

產品太紅遭抹黑，一度停頓半年等機會。

前面說過我們一開始並沒有申請公司，只是成立品牌然後借別人的公司名字，當時我們認為這支商品一開始就是來自日本，都有明確的商品來源和資料，而且在日本已經熱賣很久了，起先是在藥局販售，後來我們才直接跟日本進口原物料，換成我們台灣的品牌來銷售。

所以這支產品一直都是安全且合格的，我們的原料全都是日本原裝進口，跟日本原始產品的成分一模一樣，但是才剛開始接觸品牌銷售這塊領域的我，忘了人們對品牌知名度的依賴性：『有廣告的品牌、知名的品牌就等於有保證；沒廣告的品牌、不知名的品牌，就等於是來路不明！』於是我們這個不知名的ＭＩＴ新品牌，給了有心人士藉題發揮的機會。

由於盛名之累，當一個東西業績太好時，自然容易引起別人眼紅，帶來不必要的麻煩，那時候和我合作的一個部落客得罪了美妝群的部落客，引起圍剿。

毫不訝異的是，人生和網路其實是很雷同的，網路也有小團體，而且女生搞起小團體的動作可說是殺傷力十足的！其中一個部落客到處去檢舉我們，不管是衛生局、國稅局……所有她能想到的單位都去檢舉了！

這個部落客是讀法律系的，開始和我們網路大鬥法，那時候真的是每天都有新的爆點、每天都會有新的事端，讓一向習慣低調的我很困擾，也很痛苦，每天晚上都失眠，因為這支產品明明是正統、正規的，卻被她誇大成好像是會害人的非法產品似的。

她也沒有經過查證就隨便亂開砲，影響不知情的消費者對我們產生誤解，造成我們很大的困擾，畢竟我們是正規經營的品牌、產品也都經過衛生署檢驗合格的，所以雖然她不斷檢舉都沒有影響到我們，但需要不斷向別人出具合格證明和解釋，還是讓我們心力交瘁。

最後，她檢舉到蘋果日報去，結果報紙一披露之後，沒多久全台灣的新聞都在播，很多記者也找上門要我出面說明，我爸爸還擔心得從高雄打電話給我，害我難過得哭了！覺得連累到年邁的父親，害他擔心，真的很不孝。

那時候搞的人盡皆知，好像我做錯了什麼事，不但身邊的人不看好、不支持我，連爸爸都叫我不要再做了，家人也十分反對我創業！

在最難過、最委屈的那時候，我在心裡告訴自己：不會再有下一次了！我不會再讓自己和品牌陷入這樣的困境！我相信他們終究會明白這個商品是合格、正統的，事情一定會好轉的！

果然，衛生局找上我們，我們拿出檢驗單以及一些合格的證據，衛生局也就沒有再多說什麼，並且回信給那位部落客查核結果，慢慢地，她的網誌才沒有再評論我們，一場風暴才終於平息。

經歷過這件事之後，我和合夥人決定先暫停販售商品、沉澱一下，等待下一次的出發。這一停頓就停了半年。這半年中，我開始不斷反覆思考一些問題，例如：要怎樣才能擺脫我們被攻擊成是來路不明的形象？我們的第二支產品要生產什麼？以後要不要改變行銷策略？……等等。

看到第一支產品賣了一年之後銷售越來越慢，我心裡有了危機意識，希望能繼續開發新的產品，但是蔡老闆卻覺得沒什麼，他說這很正常，慢慢賣就好了。

但是我不這麼想，這個品牌是我的命、是我最重要的資產！做這個投資報酬率也最高、最適合我，所以我一定要把這個品牌壯大，不能讓它隨便就倒下去或是結束。

突圍重生，打進知名網路賣場，再創熱銷高峰！

決心壯大後，我決定研發生產第二支產品——酵素。

在停頓的那半年裡，我一直在想下一支產品要賣什麼，才能繼續延續第一支產品的好成績？

我想到現代人常常因為壓力大、飲食不正常而便秘，我當時也是，常為便秘而苦，所以覺得酵素這個東西應該很有用，而因為蔡老闆有藥劑師方面的背景，我就請他幫忙介紹認識不錯的營養師，然後跟營養師一起討論和研發我想要的配方。

有了酵素配方之後，我們就找生產的工廠配合，跟工廠詳細說明我需要哪些成分，生產過程中我和營養師還不斷調整配方和味道，所以這支產品我很有自信，它不但可以促進新陳代謝、控制卡路里，也能幫助我們清潔腸道和排除宿便，我自己試用過一段時間後才推出，確定它的效果很好。

但是我知道我們是個新牌子，消費者不一定會相信我們，而且ＭＩＴ是一條非常艱辛的路，因為台灣人比較喜歡韓國和日本品牌，有時候就算是一樣的價位、一樣的成分，但消費者就是覺得日貨或是韓貨比較好，本土品牌就是屈居劣勢，再加上之前的部落客事件，因此我決定做出一些改變。

為了讓我們的商品扭轉印象，並且開拓新的通路，因此我不想依照過去模式只在部落格上面賣、靠部落客行銷，當時我剛好跟一家網路上滿知名的通路商86ＸＸ因為合作而認識，這家賣場很多網友都知道、營業額也很高，我心想如果可以鋪貨進他們的通路，對我們的銷售應該會很有幫助，也可以藉由他們的形象來拉抬我們的產品。

因此我自己去跟他們老闆談合作，我跟他們說我二支產品都給你們獨賣，我也會發文和宣傳將流量導向86XX，也要求對方多幫我們的產品曝光，希望藉由這樣的合作方式讓大家都有更大的成長和獲利。

對方老闆爽快應允讓我們的產品進入他們舖點，並且把我們的商品當成主力強打，在他們網路賣場的首頁上都會放我們的產品介紹，我也在網路上大力宣傳導流量到86XX，網友再去賣場買。

但是這個銷售方式，蔡老闆一開始是不同意的，他覺得之前我們自己賣、自己賺，也好好的，現在為什麼要去別人的賣場賣，然後分利潤給別人？

我請他相信我，我跟他說：『我們的品牌如果要壯大，就絕對不能只靠著過去在部落格和email上面賣這麼封閉的方式！打進一個好的通路，雖然利潤變少了，但是總體銷量一定會提升，未來對我們一定是更有利的，我會證明給你看。』

果然還不滿一個月，在我們雙方的合作無間下，立刻讓業績翻紅！86XX第一次結款時，我們光是酵素一支產品就已經超過1百多萬！而且酵素的單價才450元而已，扣除86XX的利潤還能結餘1百多萬給我們，你想想看等於是賣了多少產品！

看到漂亮的業績報表，蔡老闆不但被熱賣的效果嚇到，也才開始比較相信我。

86XX幫我們賣了半年多之後，我用業績慢慢說服蔡老闆，希望他能同意我們自己成立官網來賣。

想要成立官網的原因很簡單，因為當時所有消費者都以為我們的品牌『ＸＸ小舖』是86ＸＸ的，這是非常危險的事情，因為一旦86ＸＸ不賣我們的貨，那我們的產品就沒有地方賣了，而且大家都以為那是他們的產品，這對我們的品牌發展也會有不利的影響。

不過蔡老闆一直是一個非常節儉的人，他連夏天都不太開冷氣的，我很擔心要請他出錢成立官網會遭到拒絕。

沒想到，因為這次在86ＸＸ的業績很好，再加上蔡老闆過去對我的了解，因此當我提出要成立官網的意見後，經過一番溝通和說服，他倒是沒有考慮太久就接受了，同意出錢成立官網。

養好人脈，25歲創業新手開公司

不花錢就能開公司，貴人出錢、我出腦。

成立官網之後，我開始導流量回到自己品牌的官網，也開始慢慢越來越壯大，86XX那邊少了我導流量過去，他們的銷售量也慢慢下滑，一直到這二、三年他們就沒有再賣我們的產品了，因為他們也知道我們已經壯大，賣我們的產品沒有什麼利潤。

看起來應該越來越平順的事業，但是考驗和波折還是陸續出現。蔡老闆跟別人借來的公司，是由二個已經快40歲卻成天游手好閒、無所事事的男人一起組成的，原本蔡老闆認為我們只是跟他們借公司名字而已，沒有什麼糾葛，因此不管那家公司是怎麼營運的，應該跟我們無關、也不會影響到我們的生意。

但是沒想到那二個男人眼見我們的生意越來越好、越來越賺錢，開始心生貪念、希望分一杯羹，一開始挑撥離間叫我跟他們合夥沒成功之後，這一次他們直接跟蔡老闆拿貨，騙蔡老闆說他們是要賣給親戚朋友吃，蔡老闆就算給他們很便宜的價錢，但是因為怕我知道之後會生氣，所以一直不敢跟我說。

過了一陣子之後，一家一直和我們有往來的賣場主管突然問我：『為什麼你們的產品在XX網站也有在賣？而且賣得比外面都便宜很多！』我一聽大驚，循線去追查才發現原來是他們在網路盜賣我們的商品，不但搶我們的客源，還削價競爭、破壞行情，真的是非常可惡！我很生氣地請蔡老闆轉達不准他們再賣，否則一定會提告，他們這才罷手。

那次的事件多少有影響到我對蔡老闆的信任，也有點猶豫是不是還要再跟蔡老闆繼續合作下去？後來蔡老闆不斷跟我解釋，還說要把追討回來的錢都給我，但是我沒有收，我跟蔡老闆說：『我在意的不是錢、也不是小氣不給他們折扣，既然已經知道對方不是什麼好人，就應該要防範，我在乎的是繼續合作下去的信任感，這比金錢更重要。』

可能是發生這件事情讓蔡老闆覺得很愧疚，之後他變得更加信任我，幾乎不再過問公司裡的大小事，完全放手讓我去做，我們的合作關係才慢慢回復。

那次之後使我瞬間成長不少，才明白原來這個世界上真的是有這種貪心到不顧道義的人！即使是熟人、朋友也一樣，利字當頭什麼事都做得出來！

早期我還遇到一個完全不熟的業務，當他知道我很會販售產品之後就每天來拜訪我，一直說服我跟他們合作，但是他其實對我們的產品一點也不了解，感覺很外行，純粹只是因為幫我們進出貨，看到業績不錯就想分一杯羹，那副見錢眼開的嘴臉看了還真是不舒服。

我一直都認為，每個人在一生中都有機會可以賺到大錢，只要你肯努力、肯用心，你會發現身邊處處是機會！我的例子就是一個證明，過去在學校裡我也不是學這個的，身邊也沒有人能教我，甚至連我自己都沒料到我們的業績會這麼好、我會這麼快就走上創業之路！

我24歲得到蔡老闆的認同、讓他願意給我機會，這是連作夢也不敢想像的幸運！即使我再怎麼渴望成功，也不可能事事都順我的意，我只是在機會和幸運降臨之前，一直都很拼命的努力工作，沒有想太多。

所以大學打工時期我的業績很好，但是薪水很低；到藥局後我也是默默的幫蔡老闆賣了很久的產品，產品賣得很好，我也沒賺到什麼錢，但是蔡老闆都把這些努力默默看在眼裡，才能在一年後得到蔡老闆的賞識和肯定，願意一起合作、分享利潤。

因此我看不慣那些懶得努力、只想要一步登天的人！這種人太投機、太僥倖了，看到哪邊有好處就往哪邊靠，可是從來不想努力付出，他們的努力和積極都只用在攀附權貴和鑽營上面，而不是打拼工作，如果連這樣的人都能成功賺大錢，那誰還要打拼呢？

因為有這樣的想法，所以和蔡老闆合作期間雖然一直出現想要挖角的人，但是我始終沒有心動，而蔡老闆一路看到周遭的人都想找我合作並且剔除他，可能因此逐漸有了危機意識，知道和我合夥開公司是勢在必行的事，但是個性十分謹慎保守的他，在這些事情發生之後又評估了我一年多的時間，看到由我主導的二支產品都有持續獲利和高成長，而非短暫的暢銷之後，才終於決定和我一起成立公司。

2010年，我25歲（實歲），終於有了自己的公司！正式成為蔡老闆的合夥人，而且我沒有出半毛錢，由蔡老闆出資、我出力和頭腦，負責打理所有的事務，終於實現了一直以來的創業夢想！

從沒看過這麼愛賺錢的小女生！

『獲得青睞、成立公司』用短短的兩句話就講完了，但是這一路走來的過程中有多少艱辛和壓力，是外人難以想像的！

要讓一個原本就不容易相信別人的老闆認同你、放手讓你去做，這是非常不容易的事情！因為沒有人該無條件的相信你，即使我在蔡老闆的藥局已經打工多年也一樣，我還是必須用一次次的成績來證明自己，讓他相信我、願意給我機會，並且由我去決策所有事情。

我們成立了第一間公司——XX生技公司，本來蔡老闆希望由我掛名當公司的負責人，但是我擔心自己太年輕，如果有什麼問題發生，我會擋不下來，因此由蔡老闆先掛負責人，並且彼此口頭約定等幾年之後運作熟悉了，再把公司負責人改回來給我。

成立公司首先要有一筆開辦費，蔡老闆知道我年輕沒有什麼錢，於是說好他出本、我出力，我負責公司營運的所有大小事。我當時透過認識的一個富二代小開朋友介紹會計師給我，幫我們辦理一些申請公司的手續，還帶著我去跑流程。

那個富二代朋友家裡是開公司的，所以他懂很多，幾乎都是他告訴我該準備什麼、籌備公司要注意什麼事情、後續的一堆瑣事要怎麼處理……等等，我才慢慢開始摸索學習開公司、命名、登記這一類的事情。

公司登記設立的地點就在蔡老闆名下的其中一間房產（藥局樓上），公司成立初期沒有預算聘請任何員工，我一個人是老闆兼助理、業務、通路、行銷、倉管、會計……身兼多職，所有公司營運的事情都是我在處理，但是我在公司裡是沒有領薪水的，要等之後公司營運有賺錢了，我才能拿到屬於自己的那一份利潤。

我很了解蔡老闆是一個非常節儉又精打細算的人，節儉到一台車可以開十幾年都不換，椅墊都已經破了好幾個洞，車子還常常拋錨，但是他常說車子那樣是有好處的，因為這樣即使放在路邊、鑰匙不拔也不會有人想偷，非常方便；他連夏天也不太開冷氣，再熱也只是吹電風扇，當然也從不花錢在外表打扮上，每天都是穿著拖鞋出門，非常的不修邊幅。

對他來說錢是能省則省、能不花就不要花，就連我之前在藥局打工時他也沒有幫我加勞健保，因此成立公司時蔡老闆提供的準備金很少，一般來說要經營像我們這樣的瘦身保健品公司是不太夠的，所以我也是盡量省錢、能靠自己的就不跟他開口，盡量不要花到公司的錢。

所以從一開始合作一直到開公司之後，蔡老闆也從沒花半毛錢在請幫手或是行銷宣傳上，有時候需要支付網站美編或是其他費用，也都是用我之前接案存下來的錢，或是銷售分到的利潤來支付，因為我也不喜歡造成他的負擔，所以能自己出的錢我都不想麻煩他。

一直以來和蔡老闆合作，從來都是先讓他獲利，才來談我的收入，因為我是一個很重視榮譽感的人，在工作上我也是把成就感擺第一，因此我一定要先看到合夥人有賺錢了才會比較安心，或許就因為我的觀念和一般人不一樣，所以總是夠獲得別人給予機會，也才能夠跟節儉的蔡老闆合作這麼多年吧！

成立公司之後，我又開始接一些零星的案子，同時藥局的打工也繼續在做，還被蔡老闆笑說：『從沒看過這麼愛賺錢的小女生！』那是因為對錢一直很沒有安全感的我，一定要確保自己每個月都有足夠的收入才能安心，我甚至覺得萬一公司真的經營不善、沒賺到錢，起碼還有這些收入可以幫忙撐一下，不至於立刻倒閉。

那時候為了節省開支、同時也為了經營公司方便，我退掉外面租的房子，搬到藥局樓上去住，這樣可以很方便的把工作和住家結合在一起，每天都把自己困在一個狹小的空間裡拼命工作，讓自己隨時都在工作中，幾乎是全年無休、不敢鬆懈，用壓力把自己逼得喘不過氣來。

即使再累再忙，我也是一個人扛起所有的事情，完全沒有想要多請一個員工來幫忙，一來，公司還沒有開始賺很多錢，蔡老闆一定不肯請人；二來，多請一個員工也不會讓我的安全感變多，因為大部分的事情一定還是我在做。

甚至可能為了要維持不給合夥人造成麻煩的無壓力合作關係，我一定也是靠四處接案賺的錢來支付員工薪水，這樣萬一公司業績不好，我也不至於擔心會養不起員工，所以再多請一個員工來幫忙，似乎還不如我自己來就好了。

除此之外，我也盡量把每個月的開銷降到最低，東補西補後，除了必須花費的叫貨成本之外，盡量不去動到公司資金。

那時候，叫貨的成本都很高，所以為了不要有囤貨，我會先跟生產我們產品的工廠談好一個很低的進貨量，等賣掉了、有賺了，再用賺到的利潤來進貨，每次都是少量少量的進，幾乎都是快賣完了才叫貨，每個月都把進出貨控管得很好。

但因為從叫貨到工廠生產需要一段時間，所以我們的產品也常常因為生產不及而斷貨，但即使是這樣，我還是寧願少賺點也堅持不囤貨，因為進貨不是我出的本，我不希望讓蔡老闆賠到錢。

再說，我認為不囤貨、不堆庫存才是要賺到錢的第一原則，一定要有進有出才能維持公司的營運，所以創業至今我始終都讓囤貨量很低，盡量不讓蔡老闆擔心成本和資金積壓的問題。

當時我跟蔡老闆雖然沒有訂定每個月或每年的銷售計畫，他覺得能賣多少就多少，不用勉強，但是這間公司是我的唯一，我絕對不能看著公司衰退或是經營不下去，既然要做就要越來越進步，所以我給自己設定一個最低的目標：每個月都要讓合夥人有獲利！每個月的業績都要有成長！

節儉又低調的蔡老闆其實很聰明，他看準了我的個性，每到月底結算時總喊著沒賺錢、沒賺錢！說也奇怪，我的個性就是很討厭別人跟我說沒賺錢，一說我就會比上個月更衝、拼命拉高下個月的業績！

員工2個，第一年營業額就破千萬！

成立公司的第一年，我們的銷售通路還是以網路為主，除了官網、86XX，一些部落格網站也有銷售，但是為了把通路擴展到實體店面，當時我都親自去各家藥局和藥妝店跑業務，說服他們引進我們的產品。

不過嘗試了一段時間後，我發現藥局的市場越來越萎縮，很多人的消費習慣都從藥局轉到網路上了，藥局的效益已經沒有以前那麼好了，藥妝店還比較好一點，但也是要積極的推動，不然業績也不會太好，因此我們又當機立斷的把銷售重心拉回網路。

後來有一次接案時認識了一位美編，那位美編被她當時的老闆罵的很慘，我覺得她很可憐，就問她要不要過來跟我一起工作？於是她加入我們公司，幫忙設計一些行銷活動案DM以及網站上的產品宣傳頁面，她也成為我的第一個員工，當然她的薪水是我自掏腰包從接案賺來的錢支付的。

把銷售重心重新拉回網路後，我們還是堅持不打廣告（其實是沒錢打廣告），當時每家品牌都在大打廣告，有些還請藝人代言，動輒就是百萬以上的花費，廣告預算往往比成本還高，這樣一來這些廠商還有更多的預算放在原物料上面嗎？

我不花無謂的錢打廣告、並且節省不必要的費用支出，將成本大部分都用在把品質拉高這個唯一的目標上！不像其他廠商為了提高獲利會使用一些比較差的原物料，這樣產品不會有什麼效果，而我不想生產沒效果的東西賣給消費者！

也由於堅持我們的品質一定要很好，因此在原物料方面我很捨得投資，也造成生產成本過高，每生產一支產品的成本起碼都要幾百萬以上，但這是我經營事業的初衷：堅持自己只做最好的東西！

再說，那些天價的廣告費對我這個才剛起步、既沒背景又沒錢的小女孩來說，根本是想都不敢想，所以我決定要反其道而行！

我寧願花貴一點的成本，把品質顧好，其餘的就讓口碑行銷來幫我們跑，我相信消費者分得出來東西有沒有效果、是不是好的？因此我也相信，我們的能見度應該是由愛用我們產品的消費者所建立的，唯有如此，品牌才能長久經營，這也才是一個品牌所該做的努力。

公司成立第一年，我們又陸續研發上市了一些新產品，由於沒有資金打廣告，只好靠口碑行銷，我的策略是先想辦法把產品提供給一些名人、藝人和部落客試吃，採取體驗方式，直接貼近消費者，而不是很商業化的打廣告，我認為如果這些試用的名人真的有因此而變瘦、身材變好，那自然就會願意幫我們發文和宣傳，而這些真實體驗的文章是發自內心的，絕對比那些廣告文更真實、更動人。

記得當時曾經為了聯繫某一位名人幫我們試吃，持續接觸、往來長達近一年，這之中我不間斷的關心她的近況，也不強求她一定要試用，只是跟她聊天互動，到最後才打動她幫我們試吃並且po文，後來效果很不錯！當然也有一些名人互動後還是不幫我們試用，這些過程既漫長又辛苦，最後還是得重頭來，而這些方法全都是我自己一個人構思出來、一個人完成的。

我們就這樣靠著口碑行銷慢慢地打開了市場知名度，這些行銷方式後來都很成功，也讓蔡老闆每個月都有獲利，而這些名人和部落客幫我們體驗和宣傳，我也沒有支付任何費用，只有提供產品給他們試吃而已。

但是其實如此省錢的行銷方式非常辛苦！那時候我每天都工作到凌晨，我還記得每到半夜1點04分就要守在電腦前，緊盯著我們挑選合作的人有沒有被選中上首頁？如果有上，當晚就欣喜若狂幾乎睡不著；而萬一沒有，就一直憂心到天亮無法睡！

我每天、每天都在動腦筋想吸引人的話題、想梗、找部落客、找名人，就為了挑選適合的人來幫公司介紹新產品，這樣繃緊神經的工作真的很累人！只有在被網路編輯選中的那一刻，我才能夠稍稍的緩解情緒。

當時我曾經有算過，如果人選挑得對、挑得好，那一個月會有將近20天都是我們的人選上首頁曝光，當月的業績就會飆到很高；但是如果運氣不好，也曾經有過一個月才曝光4、5次的，但是平均來說每個月曝光都沒有低於於4、5次，曝光量算是很不錯的，所以我們的業績一直都不錯，但是在那種高度緊繃的情緒下工作，對身心的壓力都非常大。

那是一段到現在想起來都還會覺得壓力大到想哭的日子！雖然很多人都覺得我很厲害、覺得我做得很不錯，但是我從不覺得自己有什麼獨特或厲害之處，我只是在自己有興趣的地方不停的鑽研和學習而已，不敢玩樂、不敢懈怠，每天都戰戰兢兢的想創意、賣產品，因為沒有人能夠幫助我，一切都只能靠自己。

就這樣經營了約莫快一年之後，有一間通路代理商『締X』主動找上我們，說可以幫我們把產品上架到Yahoo、PChome……等網路商城，於是我們決定授權這家公司當我們的通路代理商。

一開始進入奇摩網路商城時，我們公司已經有大約6、7支產品，奇摩跟我們訂定一年的營業額至少要達到120萬元，沒達到的話就要從我們的營業額中扣下一些行銷費用，以分攤奇摩的營運成本。

由於口碑行銷奏效，加上我可能選人的眼光獨到，當時跟我們配合試用的名人和部落客，幾乎一寫我們的試用心得文就會被選中在首頁曝光！這真的只能說是運氣很好，他們的po文只要在首頁曝光，我們的新產品就等於得到當相於上一次首頁廣告近百萬元的宣傳效果！

因此我們在奇摩的銷售不用等到一年，其中有一個月就破了120萬的門檻、第一年就創下300多萬元的營業額！讓奇摩刮目相看，隔年奇摩立刻大幅提高我們的營業目標到好幾百萬！後來幾乎每年都持續成長，這些好成績靠的全是網路上的口碑行銷做到的！

公司成立的第一年，我們每個月的營業額都破百萬！年營業額上千萬的業績，只靠2個人就達到了！我們後台的工程師有一次跟我說，真不可思議，我們公司第一年的業績就已經比他們公司還高了，但是他們公司員工數卻是我們的十幾、二十倍！真不知道我們是怎麼做到的？

別人可以仿冒你的商品，無法仿冒你的腦袋。

就在產品銷售越來越好的同時，我並不知道超好的業績又讓身邊的合作商開始眼紅想搞鬼，當時負責幫我們把產品上架到各個通路的代理商締X，開始常常來跟我聊天問東問西，有好幾次都不斷問到我們工廠的名字和資料，我也沒有防備，因為我從沒想過人心會這麼黑暗、可怕！

後來締X自行找上我們的代工廠，仿冒我們當時熱銷的代餐類系列產品，不但成分很接近、包裝雷同，連名稱和文案都很相似，重點是他們的售價還故意訂的很低，用來打擊我們的產品！

起先我還沒發覺這是締X搞的鬼，只是奇怪為何這家新品牌賣跟我們一樣的代餐組合？而且不但成分和效果都很類似，還刻意在網路上跟我們的產品做比較、抨擊我們的價格，造成我們的產品在通路上不斷挨打。

後來經過一番查證，工廠老闆告知締X也有來找他們做代工，事情才整個被揭露出來！我第一時間簡直不敢相信他們竟會做出這種毫無道德的事情！這不是違法又有違誠信嗎？！但是被我揭發之後，締X不但臉不紅、氣不喘的對我惡言相向，還威脅我，想叫我息事寧人。

當時我們跟締X合作得已經有點不愉快了，很多事情他們都不照合約走，例如常常拿我們的產品去跟別的品牌搭配，藉機拉抬別人，我發現後非常生氣，再三告誡後他們才停止。

還有，我們的產品依照規定不能講療效，合約裡也寫得很清楚，但是締X把我們的商品鋪上網路商城之後，卻在網路上大講療效，我屢次跟他們提醒不能再這樣，但是他們依然故我，然後每次收到罰單就叫我們自己付，結果在跟他們合作的這一、二年之間，我陸陸續續總共接到12張罰單！每張金額大約4萬元！

經過這件事之後，我徹底檢討和他們的合約及合作關係，結果更扯的事情還在後面！因為當時錢都是蔡老闆那裡在管，貨款匯款到他帳戶後，蔡老闆月底才會結算我的分紅給我，所以我一開始因為太忙沒注意到締X付款有問題，我從會計那裏查帳（會計就是那個因為A錢後來被我開除的，後面故事會寫到），才發覺締X完全沒有遵守當初談好的利潤抽成比例，大部分的銷售獲利都被他們給拿走了！

打個比方，我們公司每賣出一個產品可能只分到少少的1塊錢，其他9塊錢都入了他們的口袋，等於我們出本、又出貨還賺不到什麼錢！他們當代理商卻輕鬆賺走我們大部分的獲利！根本是大膽吃定我經營公司分身乏術，而會計那邊又怠忽職守，沒有弄清楚這些利潤抽成，因此有機可乘從裡面動手腳！

陸續發現這些事情後，我非常生氣！除了解除合約並跟他們討回應得的貨款之外，也第一次決定對一個廠商提告！儘管對方一直語帶威脅，但我沒有屈服，不惜打官司也不願意向這樣惡質的廠商低頭、認輸！至今他們還欠70萬元的貨款沒有付給我們，所以官司還在進行中。

歷經這些風風雨雨之後，雖然心情多少有點被打擊到，但是我一直告訴自己：『別沮喪，別人可以仿冒你的商品，但是無法仿冒你的腦袋！』只要有好的創意，跌跤之後再爬起來，拍拍屁股照樣繼續生龍活虎！

事實證明真的是這樣，不只締X的仿冒品賣得很不好，後來有別家大廠牌也推出跟我們很類似的商品來打我們的市場，但是銷量比我們的差很多！畢竟不是商品外觀和成分相像就能夠賣得好，賣得好有很多因素，我有信心很多關鍵差異是那些仿冒品學不來的！

員工僅10人，創一年營收近億元新高峰

研發新款瘦身膠囊，成為『奇摩十大網路熱門品牌』第一位！

仿冒品事件之後，我開始思考這類商品應該要停止生產了，除了已經賣太久之外，市場上也出現越來越多類似的產品，於是我開始積極研發另一款新商品，我的研發概念是主打懶人市場。

因為我發覺現代人想要變美變瘦但是又很懶，我之前也是減肥很多次，我不但懶，而且也沒有時間去運動，更何況有很多人是有運動，但是沒什麼效果，所以我當時就很希望能有一款產品是吃了之後能讓我產生運動感、讓身體自然代謝掉很多熱量，而不用辛苦去運動，這樣的懶人效果對我而言是最好、最輕鬆的。

因此我跟營養師不斷研發，決定投其所好研發一款吃了會產生運動感的『ＸＸ膠囊』，非常適合不想動的懶人族群，而因為我們的產品一直都強調要健康瘦身，因此成分一定要對身體有益，所以這支吃了之後會有運動效果、能輕鬆瘦身的『ＸＸ膠囊』，主打自然又健康的代謝掉熱量。

這是一個很創新的概念，還沒有任何廠商做過，我們委託非常知名的上市工廠生產，這款產品還擁有美國專利，證明確實可以降低體脂肪，使用二～三個月後就能見效，果真一上市就大受好評！也成為我們公司的明星商品。

２０１１年時，我們靠著這款明星商品和其他瘦身保養熱銷品，在奇摩的營業額越來越高，到現在光奇摩這個通路一年的營業額就接近上千萬了！我們也成為奇摩購物中心十大網路熱門品牌中的第一位！

這期間我沒有讓蔡老闆再多拿資金出來，還是靠著開辦初期的準備金來維持營運，後來的發展和擴點，我都是先穩住了主要通路之後再慢慢擴展其他的，不會讓他覺得一下子就要投入很多資金而有些負荷不了。

等到在奇摩等通路打好根基之後，我開始慢慢擴點，把貨鋪到到更多的網路商城去，除了奇摩、Yahoo 和 PChome 之外，我們當時還有進軍 momo 網路、PayEasy、淘寶、BBQUEEN 等。

當時一切的經營發展都非常順利，我覺得應該沒有什麼事情難得倒我的，那種不斷挑戰自己，並且達成目標、克服難關的感覺真的很好，但是蔡老闆卻不止一次在我面前意有所指的說：『少年得志大不幸。』我居然沒聽出他的弦外之音。

後來隨著營業額越來越高、公司事務越來越繁雜，我終於決定必須開始增加人力來幫我了，除了美編和會計之外，我決定再多請一個可以協助我處理行銷、通路等事務的員工來幫忙。

一開始請員工，我必須很誠實的說，雖然我的公司一直是走『小而美』的路線，但是單打獨鬥慣了的我真的不太會管理員工，很多事情都被自己給搞得亂七八糟。

我沒有什麼管理的經驗，加上自己又很容易心軟、常常會不好意思對員工要求太多，天真的以為言教不如身教，我以為自己這個工作狂只要每天認真投入工作，員工就會跟著照做，不用太督促。

我們公司應徵來的第一個正式員工，有點胖胖的，很愛遲到，從上班第一天就遲到，原本應該是九點上班的，但她通常都10點多快11點才到，而且還常常找理由請假，每個月都會請好幾天的假，我一直忍了她七個月之後，才終於忍痛辭退她。

第一次請員工的經驗不好，但後面的經驗也很可怕，我不知道是不是我太不會挑員工了，還是我的管理有問題？一點都不像我挑選合作po文的部落客那麼精準！

我對待員工喜歡像朋友、夥伴一樣，不太喜歡明確要求上司下屬的分際，所以我常常和員工一起出去吃飯、跟他們像朋友一樣談心，我以為像『麻吉』一樣的相處方式，就會讓員工跟我同心協力、一起打拼！

沒想到，這是錯的，這在員工眼中會變成沒原則、沒立場！少了原則和立場，員工就不會認真遵守規矩，自然容易騎到老闆頭上，問題就開始層出不窮！

少年得志大不幸，搞到公司快倒閉。

我請的第二個員工，年紀比我大，雖然準時上班，但做事不太牢靠、常常犯錯，一犯錯就找一堆藉口，而他一講藉口我就不好說什麼來戳破他了，於是只好讓他得過且過。

重點是他總仗著自己年紀比較大，自認比我有經驗，凡事都不聽我的指揮，我請他怎麼做，說這樣才會有效益，但是他完全不聽，還是照自己的做法，因為他認為自己那一套比較好！

我又臉皮薄，不好意思嚴厲指出他的錯誤，就讓他照自己的意思去做，結果最後公司居然被他給搞到快倒了！

明明我們的通路越舖越多，但是居然大部分的通路的業績都是掛零！追究之後發現他只會出一張嘴，什麼都不做，然後認為我教導他的都是沒用的，每天只是和通路的ＰＭ（專案經理）聊天打屁，沒有執行行銷計劃，產品也沒安排曝光、網頁也不更新，業績當然是零！

他還擅自對外宣稱他是公司負責人，什麼事情都是他說了算，完全沒把我放在眼裡，我也是忍了七個月才把他給辭退。

那時候被他搞的公司一個月營業額掉到剩14萬元！扣掉員工薪水、生產成本和一些基本開銷，根本是倒賠的！

當時是開公司的第二年，就遭逢這麼大的打擊，我整個人跌到谷底，以為自己就要被擊垮了！每天偷偷以淚洗面，不敢告訴任何人。

辭退那個員工之後，我痛定思痛，自己重新來過，只留下會計（美編後來算兼職），其他又回到當初全部都自己來做的狀態，每天戰戰兢兢的認真經營，並且把公司推出新品的時間及方向重新思考過一遍，調整新產品的上市規劃，把那個員工沒做的全都接回來做，又開始全年無休的埋頭工作。

當時業績差，蔡老闆的臉色逐漸變得不好看，也沒什麼和我說話，我內心很痛苦，感覺好像又看到當年那個為錢愁眉苦臉的父親出現在我面前，只好拼命的加班工作來彌補。

我向老天爺祈求，跟祂說我再也不敢離開我的工作崗位了，希望老天爺再給我一次機會！接下來的二個月我非常努力的工作，同時繼續接案，並且一口氣經營6個部落格！（官方部落格、自己原本的部落格、專門幫接案廠商經營的部落格，還有跟別人合作的部落格……等），我每天都不敢懈怠，二個月後業績終於成長回來。

當時一直留在身邊的會計，我曾經覺得和她情同姊妹（可能只有我自己認為），我從高中畢業後就隻身在外地工作，內心其實很孤單，而她總是會照顧我，讓我很感動。

她跟著我快二年，我一直都很信任她，直到後來蔡老闆開始常來問我，為什麼公司一直被勞健保局催繳欠費？他提醒我是不是該注意一下？

但是我還沒警覺到有什麼不對，因為我明明每個月都有拿錢給她去繳，怎麼還會有欠費通知？而且早期公司只有我和她二個人，偶爾會多一位兼職的員工，我怎樣都不會聯想到事情會跟她有關。

當我真正開始覺得不對勁時，為時已晚，後來查出公司二年來每個月都給她錢繳費，但是她只繳了半年就沒再繳了，原來是隨著公司的業績成長、油水變多，身兼會計的她竟然起了貪念，開始從中撈取好處，勞健保費只是其一。

這個發現讓我如夢初醒，因為我非常信任她，所以連我私人的費用也都是請她幫我處理的，我開始查詢自己的繳費記錄，果然！錢是有繳，但是很多私人費用都被浮報！事情這才一一浮現上來。

蔡老闆和我計算過後發現損失慘重，我應該是最慘的一個，因為我當時有開始把收入拿去做投資，因此繳費金額很高。

我始終不肯相信她會做出這樣的事情，因為我們曾經一起度過最不好的時刻，我是那麼的信任她！但是，原來身邊最信任的那個人才是最可怕的！離鄉背井的我一直把她當作好姐妹，感情不順的她也讓我非常心疼，本以為彼此可以作伴一起努力、以為她也跟我同心，沒想到卻是這樣的結果！

我難過的不是被騙錢，難過的是一直感覺自己在孤軍奮鬥的我，失去了一位可以互相支持鼓勵的人。最後我還是決定放過她、不跟她追究，因為她是三個孩子的媽了，假如她去坐牢，那她孩子該怎麼辦？

經歷這次的打擊，我對人性變得更敏感，比較懂得保持距離了，原來人長得忠厚老實，內心可能不盡然如此。

我開始領悟到了人不一定都是好的，我個性比較軟、容易被說服，我自己也很清楚我不是那種領導人的個性，所以管理員工這件事情上我犯了不少錯誤，而這件事除了讓我學到很深的教訓以外，也影響了我對事情的看法，到那個時候我才終於聽懂蔡老闆說那句話的意思：『少年得志大不幸。』

此後我的個性轉變非常大，變得懂得飲水思源、懂得感恩、多了謙卑也，少了當初因為一路順遂而流露出來的跋扈氣息。

因為一向都很會賺錢、業績超好的我，年紀輕輕就賺進比別人多好幾倍的薪水，身邊每個人都誇獎我、羨慕我，讓我覺得自己好像真的什麼都會、什麼都做得到！經過這件事之後，我才發現蔡老闆話裡的用意，他看到我的弱點，的確年少就得到成功，可能有一大半是運氣，不見得都是來自於自己的真本事，如果不懂得謙卑和繼續努力、學習，很快的就會自食其果，真正經歷考驗之後，才能看清楚自己的不足。

我以前覺得一個人單打獨鬥就好，我的個性不適合管人，所以很不愛請人，尤其歷經過好幾次不好的員工之後，我更是怕到再請人、管人了，但是沒有別人幫你、只靠一個人拚命，就算再厲害，格局也有限！

谷底翻身，年營收突破4千萬。

當時覺得請不請人來幫忙都很苦惱，雖然公司營業額有成長，但是規模完全沒有擴大，我深知這是經營公司的一大危機，因為投入這個市場的人越來越多，也許目前我『土法煉鋼』的方式還能奏效、能佔得一時的先機，但長期下去我可能屈居劣勢，別人有資金、有人力，能做到很多我做不到的事情，這會是未來我要在市場上立足的一大危機。

雖然之後一直都有陸續在聘請新的員工，但麻煩和問題還是很多，而且我是個十足的工作狂，和我一起工作很累，連自己的親妹妹都受不了撐不到半年就回去了，因此員工來來去去又衍生更多銜接和上手方面的問題！

在創業的第二年，我因為管理不善、底下的員工始終不太好用，而使自己和公司都陷入了停止成長的困局，我常常因此而煩惱到睡不著覺。

2012年時，我懷孕了，為了幫我分擔，老公希望能進公司來幫我，但我一直希望他不要來，一來，自從發生A錢會計的事情之後，我比較懂得和員工拿捏距離，我覺得自己管理也沒那麼差；二來，我不知道創業這條路會走多久、好多久？如果夫妻都在同一個公司裡，萬一哪天生意失敗、倒閉了，不就兩個人一起失業了嗎？還有，我也怕跟他意見不同會吵架。

但老公還是很堅持，我知道老公雖然聰明、學習能力強，但有個最大的缺點就是不懂得堅持，他創業二次，都是失敗收場；而我最大的優點就是很執著和堅持，會設定目標並且達成，所以老公進來公司之後，我磨他磨了很久，從起床準時上班、到心甘情願加班把事情做完，我讓他全心全意投入工作、徹頭徹尾改變形象，以前那個愛去夜店、愛和朋友喝酒聚會的人，完全被我改造成另一個自己！

由於我公公他們家原本就是開公司的，老公從小看著公公被人陷害，也遇到很多不好的員工，加上他有進入公公的公司當過會計、幫忙家裡的公司管帳，所以對於管人和管帳比我還熟悉。

他一進公司的第一件事，就是大刀闊斧的把有問題的員工全部都解雇，由他重新親自面試、聘用新的員工。

他是一個非常嚴格又很有原則的人，管理上他重視賞罰分明、不因心軟或交情而有模糊地帶。員工做得好，當月業績結算時馬上就回饋給員工，讓他們除了底薪之外還多了一筆月獎金；如果有訓練課程對公司或員工有幫助，也會幫員工安排，利用上班時間去進修，公司還會幫忙出交通費。（很多公司都要員工只能利用下班或休假時間去上課，而且不會補休）

而員工做不好或是出錯時，他一定會馬上告訴對方錯在哪裡，並且請他們改進、不要再犯；若是有員工抱持著得過且過、隱瞞錯誤的態度，就絕對不可取，他會請那個員工立刻走人，絕不拖延。

經由他管理幾個月之後，員工變得很有制度、也很有紀律，整個辦公氣氛也煥然一新，和我以前管理時截然不同！我是那種即使員工犯了錯，也不忍苛責的人，結果往往因為我的包庇而讓錯誤越來越嚴重、問題越來越大！

就像員工遲到這件事，以前我都會幫對方設想，想說他們偶爾還是有加班，感覺算是認真的人，遲到的事就不要追究了吧！然而老公認為，當他遲到1分鐘你沒有做處理，接下來就是5分鐘、10分鐘，因循苟且下去，連帶的工作上也會開始因循苟且，所以處理錯誤一定要當機立斷，絕不能心軟，在這方面我從他身上學到很多，在他的改革之下，也成功的開始讓公司慢慢茁壯、成長。

接下來他幫我把公司所有的系統都升級、重新把產品分門別類，提高購物的方便性。另外，他本身有自學一些繪圖軟體，對於美感非常在意，而且時常花錢進修，因此很重視對外的門面，所以他也花很多時間重整我們的官網設計，以及網路商城上的頁面，嚴格要求網路頁面呈現出來的效果，並且開始幫我規畫網路廣告、請代言人來強化品牌形象，在多方努力提升之下，銷售業績自然拉高。

本來這些部分我都無力兼顧，因為我擅長的是銷售，不是後臺管理，而他進來後幫我解決了很多問題，讓我如虎添翼，他是個不折不扣的領導人，也當機立斷的做了很多改變，他就像是我的貴人，有他的加入，營業額和規模逐步衝高，讓我暗自慶幸找到一個很棒的幫手，我這才發現原來好員工能夠創造的產值有多驚人！也才體會到一個團隊才能打天下的道理。

當時剛開始在寫這本書的我，剛好看到有個品牌的營業額和我們差不多，然而員工數卻超過20人，我還開玩笑的和經理說：『我們公司可真是小而美啊。』

當時我們全部的員工只有少少的4個人，加上我和老公共6位，老公負責後台管理和人事、我則專注在研發和行銷，以每年起碼2～3支產品的速度開發新品，在那一年年底，我27歲，我們靠著精簡的6個人力，公司的年營業額一下子衝上4千多萬！而同樣的成績別人可能要用五、六倍的人力來達成，這對我來說是很大的鼓勵！

4年的小公司，品牌得獎、業績驚人。

公司發展到2013年時，越來越順利，雖然這之中歷經年底時無名小站關閉、行銷方式轉換，我為了提早因應變化，曾經長達一整個月每天只睡3小時，瘋狂的動腦研究新的網路行銷方式、並且把所有想到的點子都記錄在本子上，開始用聯想法、串連法等方式來發展出一個好的創意，每天都在找不同的方式曝光、跟員工開會討論應該怎麼應對？無時無刻不在想idea。

那陣子很辛苦，後來有一天突然無法站立，耳朵聽不到、眼睛也看不到，更無法直線行走，然後突然『碰』的一聲就倒下去了。那一次把大家和自己都嚇壞了，以為自己快要掛了！去醫院檢查後才知道是太累了，體內平衡出了問題。

經過那一次之後，我的做事方法改善很多，我從老公身上學習到工作必須要系統化，如果想把公司做大，就必須按部就班把很多事情規劃好，不能再像之前那樣只會埋頭苦幹、橫衝直撞，這樣不僅跟隨的員工很累，自己也無法持續處在這麼緊繃的狀態下做好每一件事，因此過去那種想到就要去做的個性得要改變了。

經過一些調整之後，我們的業績也越來越高！而自從我老公進來幫我之後，他也慢慢說服了我、改變我的觀念，讓我終於願意下一些行銷預算，開始在網路上做廣告、請代言人，而我們的業績也因此快速成長，不到二年的時間，年營業額已經高達7、8千萬元！等於翻漲了五、六倍之多！

這一年，我跟蔡老闆的合作也開始遇到瓶頸。

一開始合作，帳款和資金都是蔡老闆在處理，廠商結貨款給我們也都是直接進到蔡老闆的戶頭，我沒有經手。

而最初蔡老闆也跟我說好，所有收入的利潤是一人一半、每個月底結算給我應得的部分，但是蔡老闆真的是很會算的生意人，他沒有依照當初的承諾來結付給我利潤，而是每個月都先把利潤拿走，然後拖上一、二個月之後再有利潤進來，才會結付給我之前的，每次都要這樣拖一拖。

他給錢一向都是這樣給的很慢，不僅會拖我的利潤，連廠商的貨款也是拖很久。之前我單身、沒有家庭開銷，他這樣拖欠我還可以撐，但是我現在一家三口，有家庭、有小孩，還有其他投資，沒辦法這樣等。

尤其後來老公進來公司幫我之後，營業額衝高好幾倍，而老公又是負責管理帳款的部分，每次廠商貨款都是直接進入蔡老闆的指定帳戶，老公每個月把我該分的得的利潤寫簽單給蔡老闆，蔡老闆才會把利潤匯進我戶頭，但蔡老闆照例都會拖拖拉拉，老公不明白既然營業額和獲利都讓蔡老闆很滿意，為什麼他付我應得的分紅還這麼不乾脆？

但我很不願意去跟蔡老闆談，因為對我而言，蔡老闆就像是我第二個爸爸一樣，到現在我都還是會去新竹探望他，我不希望因此而跟蔡老闆撕破臉、也很捨不得離開。

老公看到這種情況，很是替我覺得不值，從2012年開始就一直說服我離開蔡老闆，他跟我說，如果繼續在蔡老闆底下做事，一定做不大！一來他習慣拖欠廠商貨款，造成廠商的抱怨，不利於雙方的合作；再來，蔡老闆很保守，如果不是他什麼錢都不想花、只希望保守的經營，公司的規模可能早就擴大了！再這樣繼續下去，公司的發展很可能會停頓或受限。

老公一直苦勸我離開蔡老闆，但是我很念舊情，一直不願意跟蔡老闆拆夥就是因為我覺得自己當初什麼都沒有，是蔡老闆給我機會學做生意；也是因為蔡老闆，我才能做得起來、才有機會擁有自己的品牌和公司！所以在我心裡會覺得拋下蔡老闆是不對的。

老公知道我的想法後把我罵了一頓，老公說，妳承諾的都做到了，是蔡老闆不守信、沒有尊重合作約定，而且合夥做生意應該是對等的，我明明幫蔡老闆賺了很多錢，他沒理由拖欠我應得的分紅；況且從頭到尾都是我一個人把公司一點一滴建立起來的、初期員工也是我自掏腰包請的，研發產品、衝業績也都是我一個人辛苦耕耘，蔡老闆根本不管事的，只管收入和獲利。他跟我說：『如果現在不離開，未來如果營業額更高，蔡老闆就更不可能讓妳離開了！』

後來我跟老公幾乎天天為了公司的事情吵架，我覺得再這樣下去不行，畢竟我已經結婚、有家庭了，也應該顧慮到老公的立場，就這樣被老公說服了一年多之後，2013年時我終於決定離開蔡老闆，我跟他說想要拆夥。

其實我猜蔡老闆很早就心知肚明會有這樣的結果，記得某一年尾牙時，他突然跟我說我應該等到36歲之後再結婚，可以再幫他多賺幾年，後來他看到我老公進公司幫忙，他就漸漸很少到公司來了，我想他已經預料到我們的合作勢必會有所改變。

我跟他說你當年答應過我，日後會把公司負責人改回我的名字，因為我才是實際經營的人，我希望他能讓我繼續保有這間公司。

但是因為我們的業績實在是太好了，蔡老闆不想拆夥，加上我們當時只是口頭約定、沒有簽約，所以蔡老闆最後決定他還是要保留那間公司，我只好帶著一起打拼的員工離開、另外再成立一間新的公司、從頭開始，把一手創立的公司留給他。

同一年，我們公司因為一直以來都非常注重提供消費者食品安全及研發創新，而讓『中華消費者安保協會』注意到我們的努力，他們從五個項目來評選、審核網路上眾多廠商的產品，而我們非常榮幸獲得『台灣第一品牌獎』！躋身網路十大保健品牌之一。

隔年，2014年，我正式結束跟蔡老闆多年的合作關係，擁有一間真正屬於自己的公司。還好我還保有『XX小舖』的品牌名字，原本一開始註冊時是屬於蔡老闆的，但是後來老公幫忙申請改成我的名字，這個更改讓我最後得以保留自己視同生命般珍惜的品牌，多年的心血才不至於全部白費。

和蔡老闆拆夥之後，在老公和優秀員工的協助下，公司經營得越來越上軌道，也更具規模，光一支明星商品『XX膠囊』的回購率就高達八成，一年就能創造5、6千萬元以上的業績！公司甚至培養出一批忠實的消費者，他們會固定關注我們公司有什麼新產品推出，因此2014年2月我們更擴大銷售據點，開始在全省momo藥妝實體店鋪、實體SPA館販售，也登上電視購物台，銷售成績都很不錯，至今年為止，公司已經有10多支產品、員工數也成長到10人左右，並且在新竹和高雄兩地都有辦公室和員工上班，公司的年營業額更是達到9千多萬元、將近破億！我們明星商品更是售出超過百萬盒！

過去我們都是以網路通路為主，所以苦心經營網路事業，但是我認為未來應該是網路商店和實體店面一起結合的效益最大，因此從去年開始我們就努力積極地規劃異業結盟、走出網路世界。

首先就是預計在２０１５年會開始新增養生抗老的路線，並且和百年果乾品牌合作研發推出新產品，第一步先從高雄當地的百貨公司開始設櫃點，未來期望全省的百貨公司都能有我們的櫃點；接下來我的目標是朝向自己開設實體的專門店、並且在台北成立我們的辦事處和服務中心，不再侷限只是南部的公司，讓更多的人能接觸到我們的產品，認識這個用料和品質都很講究和用心的ＭＩＴ品牌。

關於創業，有錢也買不到的智慧

如果連我都可以，你們一定也可以！

從大學打工到現在，雖然大家一直都覺得我很會賺錢，很多人都羨慕我畢業後短短四年內，不但擁有自己的公司，還在28歲的時候就賺進人生第一個1千萬、29歲買下4千多萬的『夢想家』！

一路走來，有些歷程想起來還是覺得很不可思議，我的家人們怎樣也想不到從小這個全家最不起眼、最笨的小孩，後來卻是最會賺錢的一個！

但是我覺得自己賺錢厲不厲害倒不是重點，重點是我從工作中賺到很多的成就感，也賺到自己夢想中的人生，這才是最重要的！

我的公司到２０１４年就已經年營業額將近破億，但是一直以來我經營公司都很低調，很少讓別人知道我是老闆，也從不在網路上主動推銷自己公司的產品，我只是充當公司旗下數名品牌代言人之一而已，所以很多網友和讀者到現在都不知道我是開什麼公司？甚至如果不是為了要出書，必須對讀者有所交代，我是很少去談到過去家裡的事情。

創業前幾年的時候，我也曾經思考過到底要不要把當老闆的身分曝光？因為如果可以曝光的話其實會更好行銷，像類似這種年輕女生創業的故事通常都更容易上新聞，蔡老闆當時也不懂我為何始終不對外曝光？如果有新聞話題來幫助宣傳，業績肯定會更好。

可是，一來我始終覺得這東西還沒有很成熟，我給自己設定要把公司經營擴大到一個階段了才會想公佈，而我一直覺得自己還不夠厲害，所以很多年前就有出版社來找我出版財經理財書，我也是拖延很久，覺得營業額好像應該要再衝高好幾個億，才有出書的價值。

二來，我不希望以老闆的身分曝光，是因為覺得賺錢這種事情可以低調一點，自己知道公司很賺錢、房地產有獲利就好了，何必張揚？

但是我老公很鼓勵我把這些故事和過程寫下來，他曾經受到我的影響，從一個完全不會理財、總是『賺多花多』的人，被我改造成功，才短短一年就已經擁有2間收租的房產、存款破百萬！他和婆婆都覺得我很厲害、很會賺錢，也幫助他改變很大，認為如果我能把自己的故事寫出來，絕對可以激勵到很多人。

再加上從一開始沒半個人看好我創業，到創業之路邁入第三年時，開始有朋友陸續來請教我關於創業的問題，也有一些想要賺更多錢、想投資獲利的人，都來請我提供意見和經驗，讓我備感榮幸之外，也認真思考該如何跟大家分享我一路走來的經驗？

直到去年，我和家人討論過後，覺得現在的我應該總算是有個完整的故事可以從頭到尾跟別人分享了，如果連我都可以，那你們一定也可以！這是我寫這本書的出發點，也是抱持著這樣的信念來分享努力求生存的故事和賺錢的撇步，我希望你們從我的故事可以得到一些啟發、希望它的內容對你們有幫助。

走到今天，我回頭看看自己所經歷過的每一件事，發覺老天爺是會考驗人的，祂如果一開始就讓你很幸運、很順利，有時候反而是一種不幸；只有經過大風大浪的考驗，得到的成功果實才是踏實的，不容易再失去。

我一直很感謝老天爺始終給我很多的挫折和失敗，讓我一次次去克服它，也因此我更能夠欣賞和喜歡自己目前的成就和狀態，現在的我很感恩，也願意把這樣的幸福分享給大家。

之前曾經看過一篇文章：你如果覺得自己不夠幸福，請你看看這張照片。那張照片上是飢餓的非洲難民，看到後你會發覺你所有的不滿都瞬間消失了，起碼老天爺還是有給我們一口飯吃、起碼身邊仍舊有愛著你的人一直包容你，所以當我失敗、跌落谷底時，我都會想著：最起碼接下來不會再比現在更不幸了！

我很喜歡在某本書上看到的一句話：希望每天醒來是為了夢想而起床！

我覺得這句話很振奮人心，讓夢想叫醒你，而非不情願的起床，充滿鬥志和希望的過你的人生、為夢想而活，才能得到你要的幸福，所以我始終相信：下個月的我，一定會更好！

當老闆的5把成功金鑰。

我一直記得莎士比亞說過的一句話：『人們可支配自己的命運，若我們受制於人，那錯不在命運，而是在我們自己。』

這些年來我一直深信，命運真的是掌握在自己手上！從以前打工時，我每年都會給自己設定新的目標去完成，後來果真都有做到！所以我非常相信，當你有信念、有目標的時候，成功自然就會水到渠成。

從以前到現在，講出去很多人都不相信我這個完全沒資金、沒背景，又是從工讀生爬起來的小女生，可以在20幾歲就成立品牌，還開了公司，我將這方面的幸運歸功於除了我渴望變成有錢人的強烈動力之外，還有我可以很『厚臉皮』的到處問、到處學！不管是誰，不會的事情我一定開口問，即使有時候從別人眼神中看到那種：『怎麼連這個也不懂？怎麼連這個也來問？』的神情，但是沒關係，千萬不要不會還假裝會！

就像我前面說的，裝笨是一件很好的事情，只要記住：裝笨＋厚臉皮開口問＋厚臉皮求幫忙這三招，通常會得到超乎預期的效果，很多賺錢的關鍵細節，都是這樣問出來的。

雖然我到現在還是不覺得自己有多成功，因為成功有好幾種境界，我覺得自己只是進入最下面那一層而已，跟那些大企業家和富豪比起來，我還只是個毛頭小子，但是我很樂意把自己經營公司和賺錢的心得模式分享給大家，就如同當年我向和很多成功者及有錢人學習、發問一樣，在跟他們聊過無數次之後，我累積從他們身上學來的寶貴經驗，讓我幸運的比別人更快賺到人生中的第一個1千萬！這樣的經驗應該有值得被了解的地方。

我一直認為賺錢和談戀愛很像，在愛情戰場上，有人天生條件高人一等，從戀愛就到結婚一直都是常勝軍；但也有人感情總是很多波折，總是要歷經幾次遇人不淑之後，才能修成正果。

賺錢也一樣，有些人天生好命，一出生就是含著金湯匙的富二代；但更多人是辛苦打拼大半輩子，還是無法晉升為有錢人，但不管是哪一種，即使你現在戀愛和工作都不順、即使你覺得人生很失敗、已經無望，也千萬不要放棄！看看我這個『人生失敗組』的故事，你會發覺，原以為人生已經慘到谷底了，但其實成功的轉機就在眼前，就看你有沒有辦法像我一樣注意到它、把握住它！

下面這5點關於『當老闆的成功金鑰』，是寫給準備創業的讀者們：

❶ 保持多線進行、預留『翻身錢』。

如果你想要創業，首先我會建議你千萬不要貿貿然就投入全部的金錢去創業，除了創業的資金之外，一定還要有一筆額外的『翻身錢』留在身邊、或是有其他投資可以當備底，否則如果你因為沒有規劃清楚而賠了錢，也還有重新調整再出發的籌碼，不至於讓你輸得一敗塗地。

根據統計，台灣人很愛創業，超過七成的人都想自己創業當老闆，創業家精神更是全亞洲排名第一，但是失敗率也非常高，其中資金周轉不足是大部分人創業失敗、退出市場的最主要原因！

所以我前面的故事有寫到，雖然創品牌、開公司我都有貴人幫助，不用自己出錢，但是我一直都很有危機意識，蔡老闆雖然給我機會，但是給我的創業金並不多，只要一個不小心，創業金就很快會用盡，到時候如果公司因為沒有資金而倒閉，對蔡老闆來說只是一個小投資失利而已，不會傷到他的本；但對我來說，那是我生命中唯一重要的資產，不會一直有人給我錢和機會去創業，所以失敗就等於世界末日！

因此我一直都保持多線並行，從跟蔡老闆合作賺到第一筆利潤之後，我就開始慢慢存錢、之後轉投資，同時不放棄接案、打工，身邊始終保持有一筆備用的『翻身錢』，然後才敢跟蔡老闆一起合夥創業，我不能讓自己身無分文、毫無準備就上陣，因為公司一旦賠錢撐不下去，我也沒辦法翻身，到時候又得回去當22K員工或工讀生，這是我所「無法忍受的事情！『當老闆』這條路踏上了，就只能成功、不許失敗！

❷ 不能只想著自己要賺錢。

我有個朋友很羨慕我，她說她也很想要像我一樣創業、投資，然後賺很多錢！

她說：『我不想再當一般的上班族了，每天都做這些工作真的很煩！』

我說：『我當初還是從工讀生做起來的！每份工作都是一種學習，如果你無法從工作中學到一些東西、少了對工作的熱情，那就算你自己創業當老闆，一樣也是沒有經營公司的熱情，頂多只是在過當老闆的癮而已。』

我在理財講座一再提到，別老是認為自己的工作很不好、別人的都很棒！持續的抱怨不但不會讓你賺到錢，反而會讓機會更遠離你！

今天很多成功者都不是預先安排好的，大部分都是無心插柳柳成蔭，我也是因為工作認真、拼命幫老闆賣東西，才走到這一步的，事前根本沒料到人生會這樣發展。

如果我那時候的想法就跟這個朋友一樣，只想要賺自己的錢，對工作不滿、抱怨、看不到工作的價值，那我就不會甘於拼命幫蔡老闆做業績而只領少少的薪水，那可能這輩子都不會有一個在28歲就賺到千萬、提早圓夢的小工讀生了！

對於創業，我還想再三提醒讀者們：千萬不要躁進沒耐心！成功是天時、地利、人和，缺一不可的。呷緊弄破碗，不該你得的，就不要急；還不到創業的時機和緣分，就再蓄積實力、等待時機成熟！

創業也是很講機緣的，如果真的沒有你的緣分，那好好的領薪水做事，一樣能爬到高階主管的位置，你看很多大企業的主管比一般的創業族賺更多，這不也是一種成功？

❸ 遠離家庭。

如果你想創業，我強烈建議你最好能『遠離家庭』！這是什麼意思呢？

為什麼人總說富不過三代，其中一個原因就在於，當你已經擁有了不錯的現況，你會懶得去改變，尤其家境富裕的孩子，能夠自己發憤圖強的很少，為什麼呢？

我曾經看過有人轉貼一則有趣的文章：『國外有錢人 vs. 台灣有錢人』。

國外有錢人的孩子問爸爸說：『這些錢是誰的？』

爸爸說：『這些錢都是我的，你的要自己去賺。』

台灣有錢人的孩子問爸爸說：『這些錢是誰的？』爸爸說：『孩子啊，等你大以後，這些都是你的。』

這觀念不僅僅只限於有錢人，一般家庭的爸媽對孩子也是極其呵護，有爸媽當後盾時，你的奮鬥熱情和對抗挫折阻礙的毅力會相對減少很多，因為你知道有人可以依靠。

所以我總是呼籲身邊想要奮鬥的朋友們，遠離你們的家庭！只有創業者放棄依靠家人、朋友，把自己放在一個『沒有退路的絕境上』，你才容易成功。

首先，你知道沒人可以幫你、虧錢了也沒有人會拿錢救你，所以你一定得自立自強，而不是想說萬一失敗了，可以去找誰誰誰幫忙。

第二，如果你只能靠自己，即使遇到困難或失敗，你絕對會想盡辦法奮力一搏，拚死也要找出辦法，通常人在這種狀況下會激發出更大的能量來化危機為轉機。

第三，如果你在開始創業前就認清一切只能靠自己，好壞成敗都要自己擔，那你一定會更加審慎思考過後才下決定，不會貿然行事！你一定會確定自己已經準備好了、對市場很有把握了，才開始創業，這樣失敗的機率自然會小很多。

❹ 累積你的人脈。

我常去學校演講，都會告訴同學們說：『別以為現在坐你旁邊的只是一般人，說不定哪天他就是你的貴人。』

我從工作後一直都在累積人脈，像我能四處接案也是因為在寫文章時無意中認識了很多人，通常對方在跟我合作過之後都會幫我介紹，一個介紹一個，成為我的貴人，讓我案子接不完，剛畢業就月收入破20萬。

更幸運的是，不花錢就能創業、開公司，也是因為有貴人願意出資跟我合夥、讓我有機會圓夢，這些都是因為平時有好好累積人脈，才能在關鍵的時候拉我一把！

我之前在某家公司上班時，跟其中一個同事常聊天、保持聯絡，後來那個同事去大陸發展了，結果去年她在大陸的公司來跟我們叫貨、成為我們的往來廠商之一！而且也因為她的叫貨，陸續又有大陸的賣場也跟著來下訂單，讓我們的產品又多了大陸的銷售收入，我們不用花一毛廣告費就增加了多元通路，這就是人脈的力量！

這就是我說的：要隨時累積人脈，不要小看你身邊的任何一個人！貴人不一定都是大老闆或是高階主管，平常的小上班族或路邊攤小販都有可能在某個時機幫你一把、介紹你一個好機會，所以廣結善緣絕對沒壞處！

❺ 至少要認識一個那個行業的貴人。

我是半路出家的創業者，之前完全沒有經驗、家裡也不是做生意的，無從學習，但我從大一去打工開始，就靠著積極的熱情一看到有錢人就和他們聊天攀談，努力汲取他們的寶貴經驗，一路下來累積了不少的智慧箴言，對我後來投資理財、經營公司都有很大的幫助！

但我不是等到要創業了才開始去認識貴人、找成功者學習，這樣太晚了！而且，通常不會有人在18歲時就知道自己將來要創什麼業、開什麼公司，所以越早開始摸索、越早跟隨成功者學習，你就越有機會！

所以，千萬別忽略了身邊厲害的朋友、成功的老闆們，有時候別人打拼的經驗可能就是你日後成功的橋樑喔！

當然，最重要的是，你至少一定要認識一位你想創業的那個領域的貴人，而且他也要願意傳授你一些經驗法則才行。

像我從創業到開公司，蔡老闆都是關鍵的貴人，雖然我當時只是他的工讀生，他也沒有特別教我什麼賺錢之道。我前面說過，蔡老闆是一個非常低調和沉默的人，他幾乎很少跟我說話、也很少管事，後來無意中幫他賣產品賣得很好，我通過考驗，得以跟他合作，這才開始慢慢從蔡老闆那邊認識了很重要的上下游廠商，例如：營養師、代工廠、進口商等等。

認識這些廠商和人脈很重要，當然你也可以靠自己去找，但是成功者之所以容易成功，有穩固而長期合作的廠商、夥伴，一定是其中很重要的因素！他們或許是因為很可靠，不會欺騙你、讓你常常被偷斤減兩還買到次級貨；他們或許是價格很優惠，可以替你省下很多成本、增加競爭籌碼；他們或許是技術很好，可以配合你的創意來落實執行，不會老是給你出包。

總之，成功的老闆們都知道，有時候事業成功的秘密武器就是那些合作商，就像餐廳最重要的關鍵是廚師一樣，他們可能已經淘汰了10個爛廠商才找到1個對的，有這些人幫你做事，絕對順利加倍。

想當老闆，最好先知道這二件事：

❶ 即使你現在能賺進5萬、10萬，不代表未來也可以！

有一次我在臉書上看到一則貼文：我甚至連買一個起司漢堡的錢都沒有！這個標題吸引我忍不住點進去，想說為什麼一個人會連買漢堡的錢都沒有呢？

原來它是講關於知名球星Allen Iverson（簡稱ＡＩ）的故事。在籃球場上，台灣的球迷們稱ＡＩ為戰神，因為他瘦小的身軀卻得過無數獎項，包括ＮＢＡ最有價值球員、ＮＢＡ得分王……等等。

但是在一堆負面新聞開始出現，而沒有任何ＮＢＡ球隊願意簽下他的時候，他的日子開始差到讓外界無法想像。首先是家庭失和，除了散盡家產、和妻子鬧離婚之外，甚至還鬧上法院，ＡＩ更被法官當庭訓斥不配做一位爸爸。

而ＡＩ愛喝酒的習慣似乎也是讓家人難以忍受的大問題，所以儘管他過去曾經賺進大把的財富，後來卻成為一個個窮困潦倒的人。

有一次，ＡＩ跟他前妻正在處理離婚訴訟，在法庭上他直接拉開他的口袋，對他的前妻大聲說：『我甚至連買一個起司漢堡的錢都沒有！』表示他自己現在已經完全沒錢支付前妻索求的子女撫養費，他希望前妻能放棄這個念頭，而他的前妻還遞給他61元美金。

到底是什麼樣的人？為什麼會連買個漢堡的錢都沒有呢？我很好奇的看完故事才知道原來他是赫赫有名的球員，過去創下不少輝煌的紀錄，曾經賺進1.5億美元的天價薪水！

1.5億美元，這是我們一般人要賺幾輩子才能賺得到的錢？或許有些人累積幾輩子都還沒辦法呢！結果因為賭博和奢侈的花費習慣，讓曾經這麼有錢的人沒幾年就落得窮困潦倒、連買一個漢堡的錢都沒有，這是何其的諷刺？

人生是變幻莫測的，你永遠不會知道明天會發生什麼事？人的運氣不可能一直都很好，命運之神也不可能永遠都站在你那邊，而正因為人生無常、變動太快速，所以我們永遠要為未來做好準備！要先做好哪天突然賺不到錢的打算！即使你現在能賺進5萬、10萬，不代表未來也可以！

而且隨著年紀越大，你的體力就越無法負荷，即使想要拼命工作，也會有所限制，就像前陣子我跟我姊姊說：『當初如果不是誤打誤撞成立品牌、開了公司，等到現在快30歲了，你叫我突然去開公司創業，我可能都會怕，也不會有現在的狀態和成績！』因為24歲時候的衝勁和現在已然不同，尤其又有了孩子，我連是不是還會選擇創業都不一定！

當你身邊有需要你照顧的人時，你的工作專注力一定會減弱、能量也會降低！曾經看過某位作家說：『30歲前給自己一個夢想，想做的事情盡量去做，讓自己完成這些夢想和目標，因為超過30歲之後，想做事情的動力自然就會減少了。』

所以我心裡一直有個底，很多事情要嘛現在就立刻去做，不做的話以後就會越來越沒有時間去做了，寫稿、出書、經營公司、理財投資、買豪宅圓夢……都是！

我跟很多人的做法不太一樣，我是用辛苦百倍來換取自己的夢想和金錢報酬，每一個階段的工作和突破幾乎都會耗盡我全部的力氣，只因為我想改變自己的命運、創造夢想中的世界！

即使追尋夢想的過程有時候苦不堪言、很想放棄，但是我知道持續的享樂更容易產生惰性！而不為未來做打算的人，很容易就會變成負債人生！

很多人賺到一些錢，就會想要拿去享樂，但是我會建議如果你有第一筆錢，先不要買名牌；如果你有第二筆錢，先不要買車，等你有了第十筆多餘可運用的錢，我才會建議你兩樣都可以去做。

當你還能夠享樂的時候，千萬不要忘了為不可知的明天提前做好準備！

❷『行銷奇才』就是：別做大家都想做的事情。

我們的商品一直是靠網路口碑行銷熱賣起來的，所以很多人都覺得我是行銷奇才、誇我行銷很厲害，想知道我做行銷的創意和秘訣。

但我真的不認為自己在行銷這一塊有比別人更厲害，我覺得首先是跟個性有關，我在做事情時會非常執著和專注，當我全心全意的去做一件事情時，是可以專注到完全不顧旁人、不管周遭環境的，這種專注力總是讓我獲益良多。

再來就是我的想法可能常常跟別人不一樣，像在網路上更換不同的相簿名稱，可以吸引不同的族群來點閱，這也是我想出來的。然後該放什麼照片會吸引人？多久更換話題一次，會維持別人對你的熱度？該寫什麼關鍵字才能吸睛？……這些行銷概念都是我自己想出來的，沒有人教過我，因為我平常就很愛天馬行空、想很多點子，這對網路行銷來說很重要。

此外，我覺得行銷最簡單的道理就是：朝著很少人做的事情去發想！這用在賺錢創業上也適合，很多朋友告訴我他們想要創業，請我給他們意見，我一開始就會說：別做大家都想做的事情。

例如我10個女生朋友當中就有9個會跟我說：我想要賣衣服，這是我的夢想。

我通常都會建議她們不要。

因為如果妳沒有好的行銷宣傳點、賣的衣服也沒有特別跟別人不一樣，那一開始起步妳就只能考慮先砸下廣告預算，因為現在服裝市場的敵手太多了，衣服有特色的人多得是，要曝光、要宣傳就只有花錢。但是龐大的廣告支出會讓妳還沒開始獲利就先被壓垮了！如果後續業績又沒被帶起來、也沒有仔細思考好銷售定位和方向，到最後很容易就先放棄了。

再來，我覺得行銷最重要的是：了解自己的特質之後，去選擇對的事情做。

什麼叫做選擇對的事情做？就是『定位』！我覺得一個人的『定位』非常重要，從經營部落格到創業，一路上我也是隨時在修正自己的定位，這樣才能永續經營下去。

像我妹妹長得很甜，她的特色就是親切，所以她拍照多笑就對了！而且喜歡把自己弄得美美的，所以可以走美妝類的路線，應該會吸引人，我幫她定位為美妝部落客，但是她的個性比較不愛寫東西和想事情，這對部落格的經營發展是一大障礙，因此她經營到現在頂多只能接點小案子，月收入多個1萬多。

我的員工中曾經有幾個非常想紅的，我也會幫他們想定位、教他們如何經營自己，像有個員工很愛寫東西，但有點胖胖的，我了解她的喜好和特性後，幫她定位為胖子愛美部落客，因為我發覺在網路上胖的人雖多，但愛打扮的胖子卻不多，我跟她說：『如果妳能教導這些人如何變美、如何打扮自己、走出胖美人的風格，那妳就紅了！』果真，這個員工後來還被選入奇摩爆紅部落客之一。

我老公很愛拍照、天生有很不錯的美感，拍出來的照片版面和意境都很好，他也喜歡美食和旅遊，我覺得這類型的人最適合介紹旅遊美食類的文章，於是我開始要求他吃飯時記得要拍照，但是他喜歡分享卻不太會寫文章，於是我知道寫部落格只能當成他閒暇時賺點小外快的興趣，不需要耗費太多心力去經營，後來他幫我管理公司網站門面、參與網路ＤＭ和產品設計，在他的主導下我們的設計感提升很多，他也感覺自己很能發揮，比硬要他當一個部落客要好多了。

所以適才適性、投其所好很重要，一定要做自己喜歡的事情才容易成功！並不是每個人都適合當部落客。有很多人以為當個部落客很簡單，只要多拍照、多分享就好了，其實沒那麼簡單，除了天時地利還需要人和，人和就是：你有沒有粉絲緣！這點很重要。

就算你的內容很好，沒有粉絲緣也很難持續紅下去。早期有些很認真寫文章的部落客內容真的很不錯，然而粉絲喜不喜歡又是另一回事了；經營長短也不能代表紅不紅，像早期的我認真寫作，內容吸引讀者，然而因為我不愛笑，始終讓讀者覺得有距離感，直到現在我遇到老公又升格當媽媽之後，變得很愛笑，粉絲緣反而比之前更好。

有一個常跟我合作的化妝師，她現在也在經營美妝部落格，她已經經營了快十年了，跟我經營的時間差不多，但是我們兩個後來的發展就完全不一樣。

有一次聊天時，我說到因為自己經營得夠久了，所以廠商給的稿費才可以那麼高，她說她也經營了快十年啊，但都紅不起來，賺不到廠商的稿費。

我就說，因為在我寫的時候很會抓主題、又同時創業，讓自己始終都有話題可以聊。我會不斷地為自己造可以談的主題，因為如果你希望可以有更多的新聞點，就需要一直有議題，我講完兩性就講瘦身，然後從失戀開始講，一直講到發胖過程、減肥故事、勵志故事⋯⋯等，接下來我可以講理財，再來是親子或婚姻。

總之，我每年一定都會發掘不同的議題來發表，這樣才可以一直保持別人對你的關注，自己要會去找出不錯的主題和故事來發揮。當我繼續寫下去一段時間之後，我又出書了，因為我知道一定要出書才能跟別人不一樣！否則，所有人都是部落客，我就沒那麼特別了。

然後當我出書之後，我知道我還要再努力拚轉型，因為作家跟部落客或許有區隔，但是很多部落客有幸出書後，通常都是『一本作家』，我不想當一本就結束的作家，我要當一個可以持續出書、有專業的作家，這樣才會跟其他人不同。

於是，我把我行銷產品的概念用來行銷我的書，我不當個被動的作家，讓市場決定我的銷售量，我主動和一些部落客合作，行銷我的書，提高網路瀏覽量、也提高購買率，藉此累積銷量，讓我有了第二本、第三本、第四本書……能有機會持續出書，代表書都有暢銷、出版社才有辦法一直支持妳。

出了多本暢銷書，我的舞台就更寬廣了，可以做更多事情，我可以去演講分享經驗、可以去上通告、可以變成代言人、有什麼議題記者會來採訪我的意見，接下來發行ＥＰ、發表ＭＶ、甚至願意跟大家分享我的利潤……

我會一直讓自己有話題、有活動，不會十年都做同一件事，我會想辦法去突破，因為我就是想要跟別人不一樣！

4個老闆教我　一生受用的賺錢智慧

我從小工讀生爬上來，一路創業圓夢，要歸功於我遇見生命中最重要的4個老闆貴人，我從他們身上學習到非常多的寶貴經驗和智慧！

我接觸過不少老闆，但這4個老闆對我的啟發和幫助最大，他們有的是我事業上的貴人、有的是我投資理財上的貴人、有的是讓我警惕不要重蹈覆轍的負面貴人，我從他們身邊學習到很多事情、成長不少，如果沒有他們的教導和指引，今天也不會有我這個人了！

在看了很多老闆的營利模式之後，我常常會思考這些老闆們到底是怎麼白手起家的？又是如何投資理財、讓自己越來越有錢的？

後來得出一個結論，除了他們本身非常努力以外，最主要的就是抓準了時機，搭上時機賺錢才會賺得多、賺得快！像那時候的我抓準了網路行銷剛起步的時機，由於投入得早，所以才能夠逐漸做出規模。

我跟這些老闆認識或相處時，總是發揮厚臉皮、亂發問的精神，從他們身上偷學成功祕訣，然後從他們的成功模式中找出屬於自己成功的方法，我甚至還曾經去向一個旅行社老闆請教如何讓品牌壯大。

我總是暗中觀察他們做人處事和賺錢的方法，一旦學習到任何有用的知識，都立刻寫下來，並在心裡暗暗的想：我一定要好好學習他們的成功祕訣，希望我也可以早日晉升為有錢人！

《第1個老闆》

先講第1個老闆，就是藥局的蔡老闆、也是我事業上的貴人。

蔡老闆為人非常低調、勤儉，平常愛穿拖鞋，衣著隨便但是做人很隨和，外表看不出來他很會理財和賺錢，沒想到他這個低調又天天喊窮的人，其實是個大地主！本身在新竹某個地方的方圓百里內都是他的土地，早期他還利用股票賺進了上千萬，然後再用股票賺到的錢去買土地，就這樣越買越多。

我認識他快三年才知道他投資很厲害，因為他完全是個錢財不露白的人，幾乎不談他的投資和財產，要不是我跟他一路打拼、幫他賺了不少錢，他可能根本不會讓我學習他的賺錢之道，我才見識到像這種低調的人，竟然是真正的高手！

他曾經告訴過我，以前他也只是個小小的藥劑生，後來一路爬升到藥局主任、再到公會的理事長，不但在外面又開了2間藥局，甚至他在擔任醫院採購的時候，發現醫院的醫療設備可以投資，租金報酬很豐厚，於是他立刻買進許多高價的設備專門租給醫院，再把回收的租金繼續轉做投資。

他教會我的是：一旦賺了錢就要趕快先存起來，存到一定程度就開始多元投資，而不是有錢就拿去享受！

他最讓我佩服的是他的投資頭腦和很懂得鑽營的本領！一路從藥劑生爬上理事長的位子，然後利用人脈來收購土地、投資其他事業，讓錢滾出更多的錢！

從蔡老闆身上我也學到要認真看待所賺來的每一分錢，蔡老闆即使這麼有錢，仍然省吃儉用，長年開一台破車，而且不該花的錢一毛都不浪費！每天都非常認真的上班，一大早五、六點就起床，然後天天準時到藥局來，過著很自律的生活。

他告訴我，富貴如果想要長久持續，一定要很謹慎、很自律！他讓我看見真正的有錢人很懂得如何賺錢、更懂得如何嚴守紀律，讓財富和事業永續下去！

他教會我的理財觀念就是：賺到的錢一定要再投資出去，才會生錢！光是膽小的死守著賺來的錢，或是只會存錢，是成不了真正的有錢人的！

《第2個老闆》

第2個老闆讓我印象非常深刻，他對我的影響和改變也很多。

我還記得有一天半夜，這個老闆突然在MSN上敲我，問我說：『妳想知道要怎樣變有錢人嗎？』

我說：『我想知道，快告訴我吧！』

他說：『聽了，要記好啊！』

我馬上拿出我平常攜帶的本子，和他在MSN上對談，他緩慢的打出下面這4個道理，至今他教我的4個道理，仍舊讓我奉為圭臬。

第一、有土斯有財，有資金時記得買房產，只有土地是不會賠錢的。

我記得之前我上理財節目，也有專家說過想要有錢就要投資只會變少不會變多的東西，例如土地、房產、黃金、鑽石，後來這些我陸續都有買進。

他說：當你有一份收入之後，記得要轉投資讓錢滾錢，才能賺大錢，死守著錢財不會變多。

第二、要學會錢滾錢。

像我認識一個老媽媽，她家早期很有錢，但是她本身比較保守，她從不投資，把所有的錢都存入銀行生利息，好幾年過去了，那筆錢除了增加一點利息之外，還是一樣的數字，永遠沒有增多，還日漸變薄，造成她的現金始終不多，生活水平始終不太好。

我24歲賺到人生第一桶金時，雖然把賺來的錢投入房地產，但卻不是用來投資、讓錢滾錢，而是買了房子想要自住的，結果買到不好的房子、連帶事業崩盤、整個資金被套住，讓我想起這個老闆說的話，意識到當時的我賺得還不夠多，不適合買自住的房子，會壓力過大，一定要買用來投資的物件、讓錢滾錢。

之後我再累積到足夠的錢，這次我從3百多萬的小物件開始投資，轉手之後再慢慢的每次多加1、2百萬的預算換房，直到可以投資得起上千萬的房子。

我謹守著錢要滾動的原則，這之中即使買到非常喜歡的物件，也不留下來自己享用，有賺我就賣出，畢竟還沒達到真正有錢人的階段之前，都先別享受！一定要把手中的錢先滾出另外一筆錢來，等到真正賺得多了，最後甜美的收穫才是屬於你的！

第三、做人要謙卑，即使居高位、很有錢，仍舊要謙卑有禮，這是最重要的做人原則。

在創業的過程中，常看到一些有錢人的處事態度，其中有個有錢人特別奢侈和臭屁，彷彿不讓人知道他有錢就會渾身不舒服似的，過度高調的結果就是惹人厭，畢竟本來就有錢的人不需要時時炫耀；沒錢的人更是見不得這種炫耀行徑，巴不得這種人跌到谷底讓大家可以看好戲。

俗語說：勝不驕，敗不餒。謙卑才是最好的態度，要想賺到很多錢，人脈很重要，所以一定要多多與人結善緣、不結惡緣，即使很有錢也不要過度張揚，以免樹敵而不自知。

後來那個惹人厭的有錢人生意失敗，富不過幾年就衰敗了，最後還欠了一屁股債，身邊卻沒半個願意幫助他的人，想要東山再起也難，真的是應了那句：『人無千日好，花無百日紅。』所以態度謙卑，就是為自己種好緣、留後路、養人脈的基本。

第四、靈活運用你的存摺簿。

他教我要懂得自己的存款要怎麼運用、要清楚自己的資金流向，還要分散投資風險，因此我每天都會記帳，了解自己的收入和支出狀況。

這個概念讓我後來創了『4本存摺養錢法』，每個帳戶都有各自的功能，這個做法也讓我第一次從月光族蛻變成小有存款的人，慢慢的錢越存越多、開始投資理財，然後越滾越多、理財知識也越來越開竅。

《第3個老闆》

第3個老闆，是從廣告業起家的小業務，運氣很不錯，做沒幾年後發現自己眼光獨到，於是出來創業開廣告看板公司，公司營運不錯，賺了不少錢，後來又搭上潮流開一間他完全外行的醫美診所，都很賺錢，之後又連續開了三間醫美診所。

這個老闆非常有錢，但是對員工很小氣，為人也臭屁，有點沒口德，會嫌棄自己的員工醜、胖，除此之外，個性還算好相處，不會兇員工，還會一直找員工聊天，我從他身上比較看不出老闆氣息。

我一直想要挖掘他能夠從小業務到開公司、升格為大老闆的厲害之處，於是我跑去問他的司機，這個老闆有什麼厲害的地方嗎？他當初是怎麼起來的？

司機跟我說，他老闆早期是一家大型廣告看板公司的業務，專門承接桃園地區的廣告，他確實眼光很厲害、也很有手腕，他都會請司機帶他四處去繞，看到哪個地點不錯，就會請司機去問管委會，然後承接大樓外牆的廣告。

他跟管委會直接談，價錢都比較低，例如一個月用2千元跟管委會租整棟外牆，然後這個大型廣告看板可能分租給好幾家不同的廠商，一個月下來租金竟然可以高達幾十萬，中間的利差非常可觀！

他因為有獨到的眼光，所以可以比別人早一步開發到大樓的承租權，如果地點不錯，自然不怕沒人來租，如此快速累積財富，因此爬得很快。

從他身上我看見和自己的類似之處，我們同樣都是利用獨到的眼光搶得先機賺錢，我們也一樣都是動腦動得快、想到就要去做的人，所以要賺到錢不難。

當然也發現了我們共同的盲點：如果是腦筋不夠快的員工，和我們相處會很累。所以有時候員工待不久，這樣戰力會大減！

唯一不同的是，他對待員工小氣苛刻，公司很賺錢卻不捨得獎勵員工，所以員工的流動性非常高，曾經有一次一走15個人，業務整個大受影響，公司營運也因此受到不小的打擊，聽說後來他很多事業都開始萎縮，無法再更擴大，生意更是每下愈況。

我從他的身上除了學習到一些看市場的眼光之外，對於缺點的部分也引以為戒，有時候成功並不難，難的是持續下去！所以在經營公司時更不敢大意，每一個環節都很重要，不然一個人再能幹也沒用，很多失敗的老闆都不是敗在不夠聰明、不夠厲害。

《第4個老闆》

第4個老闆也是一個靠網路起家的人，他最厲害的地方是：早期他利用奇摩時尚專欄的身分置入他的品牌，如果奇摩首頁曝光他的專欄，就會連帶曝光到他的品牌，而首頁曝光流覽人氣相當可觀，讓他們光網路業績就接近千萬，還不包含實體門市和專櫃，極盛時期全省有20幾家專櫃和數十個網路通路。

但是他過度自信，不斷的融資擴張，然而隨著奇摩改版以及廣告方式改變，此類方式無法再使用，但他不以為意，沒有跟著轉換想出新的行銷模式，加上管理風格也有問題，因此不到兩年時間他公司的業績就開始大量下滑，最後這個品牌也失敗了、沒落了，老闆也破產，20幾家專櫃瞬間收掉。

從他身上我看到一件事：有時候表面的好，不代表真正的好！當他事業已經有危機時，卻還照樣擴點、大肆慶祝，外人還以為他的公司沒問題，沒想到垮掉也只是瞬間的事。

我在他底下工作時發現，他總是很晚進公司、很早走，常常和廠商客戶飲酒作樂，而且還很花心，因此上班時都會有聽到一些桃色八卦在同事間流傳，這樣的公司氣氛其實很糟糕，感覺不是一個可以認真付出、共同打拼的地方。

我當時不清楚他常和廠商客戶約喝酒是不是應酬的一種？然而看在員工眼裡確實不是滋味、給人的觀感也不好，老闆畢竟是員工的榜樣，老闆是怎麼樣的人，底下的員工就大概就會是怎麼樣的，這就是一種公司文化，老闆自己做不正，是很難要求員工的。

他讓我看到一個警訊：即使是身為老闆，我們仍舊應該努力工作、甚至要更加倍的做表率給員工看！不能因為爬到老闆的位置就享樂、鬆懈，甚至比員工偷懶。

我從他和蔡老闆身上看到二種完全不同的上班態度，對照他們後來事業發展和有錢的程度，果真差異很大！從此之後，我一直警惕自己，從來不敢怠惰，每天準時起床，不管有多晚睡，隔天一定打起精神上班，不能讓自己成為那個毀掉公司的『老鼠屎老闆』。

這些年看過這麼多老闆的成功和起伏，我深信命運掌握在自己手上，所以我每一年都會給自己設定新的目標要去完成，就算你現在還不成功，但我相信當你有信念的時候，就會變成吸引力法則，成功自然會水到渠成！

所以讀者們，跟我一起給自己設立目標吧！讓我們越來越有錢、賺到富裕的人生，當我們孩子的富爸爸、富媽媽！讓自己每天都是因為夢想而醒來，而不是繼續抱怨！

《4個老闆們的賺錢智慧》總結

1. 金庫一定要有存糧。

每一筆錢都要掌握清楚，要知道錢的流向，絕對不能花到最後一毛錢，因為現在有錢不代表永遠有錢，所以要有『存糧』的概念。

2. 努力讓錢滾錢。

本業有賺錢要先存下來，而不是去享受，存到錢之後就去投資，不管是股票、房地產、基金、保險都可以，這樣才能錢滾錢、加速賺錢的速度。

3. 多元投資，分散風險。

專注本業很好，但是風險太集中，當本業穩定後，可以多嘗試不同的投資機會，創造多元收入來源，分散風險、增加保障。

4. 廣結善緣，養人脈。

好人脈帶來好錢脈。我當初因為跟蔡老闆結好緣，不出錢就能創品牌、開公司，我們身邊其實隱藏著很多貴人，只是我們自己不知道，因此不要驕傲自滿、太計較惹人厭，你不會知道得罪的那個人會不會就是拉你一把的貴人。

5. 培養獨到眼光，搶先機。

要賺到錢，一定要比別人眼光準、頭腦快，一旦抓到時機就立刻行動，有時候這是一種天分，但大部分時候都是可以培養的，只要平常勤於吸收知識、看新聞、閱讀有用的資訊，就能抓到一些脈動。

6. 換個腦袋，學習成功者的思考。

很多成功者一開始都只是小人物，但他們懂得跟比自己厲害、成功的人學習，有時候你賺不到錢，不是因為運氣不好，而是該換一下舊腦袋的思考模式了。

窮人翻身第一步：換腦袋，學習富人的存錢公式

父親教我的理財智慧：『放進口袋裡的錢不是錢，能留下來的錢才是錢！』

曾有專家說：『賺到的錢不是錢，放進你口袋裡的錢才是錢。』我的父親則跟我說：『放進你口袋裡的錢也不是錢，能留下來的錢才是錢！』

這句話影響我很深，我以前不太能體會，總是很隨興，賺得多也花得多，所以很早就體會到入不敷出的痛苦！

以前的我幾乎天天都在被錢追著跑，明明每個月都有薪水進帳，而且薪水還不少，但是不會控管的結果，造成一直都過著月光光、心慌慌的日子！等到急需用錢時，才充分體認到錢到用時方恨少，所有的痛苦都是自己造成的！

對照爸爸一向很會存錢，每個月的薪水除了能養一大家子，還能存下來去投資台北的房地產，讓錢滾錢，房子也連買3棟！要不是母親欠下巨額債款、賠光家產，我們家現在應該也是台北的有錢人了！尤其爸爸那時候房子都是買在台北的精華地段，以現在的房價來說獲利更可觀，這就是爸爸常感嘆的：『能夠留下來的錢才是錢！』

而股神巴菲特也說過，要成為有錢人，首先就是要存錢。

巴菲特6歲時就開始努力打工賺錢，他向開雜貨店的祖父批口香糖來賣，也在足球場、麵包店、雜貨店、高爾夫球場等各種地方打工，很多人好奇為什麼小小年紀的他要那麼努力賺錢？他說，因為他的人生目標很簡單，就是：拼命賺錢、盡快存夠錢，然後開始他的投資冒險。12歲時，他存了120美元，和姊姊合夥買了生平第一支股票；14歲時，他就存到人生的第一筆1千美元，然後繼續存錢；15歲時，他用1200美元買下40畝的農地，交給一位佃農來承租，巴菲特跟他平分收成。此後，他在學校會這樣自我介紹：『我是來自內布拉斯加的華倫．巴菲特，我在中西部擁有一塊農地。』

很震驚吧，巴菲特小小年紀就知道要先存錢、再投資、後享受的道理！我一直以來都深知沒有錢可以用的痛苦，所以為了擺脫借錢人生、為了往有錢人的目標邁進、為了讓自己有錢可以投資，我第一步就是決定像巴菲特所講的：從存錢開始！

但是要存錢哪有那麼簡單？！我這個整天在跟人調頭寸的人，套句俗話說的：『生吃都嘸夠啊，擱想要晒乾。』（台語，現吃都不夠了，哪還夠曬乾儲存起來？）但是我這個人天生反骨、不輕易認輸，越是覺得目標很困難達成，就越是想要去挑戰它。

我知道一定要讓自己想辦法養成存錢的習慣，將來才有可能翻身，這是改變的第一步，但一開始我不是拿薪水去存，因為這樣還是有可能到了月底不夠用又領出來花掉，我強迫自己存錢的方式是：從幫自己買一張小小的儲蓄險開始！

別小看一張小小儲蓄險的力量，它讓我不知不覺就養成了儲蓄的習慣，而且更沒想到的是，當我開始這麼做時，存款簿的數字竟然真的開始累積了！接下來又累積出更多的理財知識，也讓我對『存錢』這件事有了更好的概念。

於是當我累積好第1本存摺時，後面發現我可能還需要更多的存摺來幫我管理我的收入，而開始有了多元帳戶的想法，演變出『多元帳戶管理法』，讓我更清楚的控管所有金錢的運用和流向。

有了多元帳戶，我開始想要實行之前蔡老闆教我的投資概念，衍生出後來的『4本存摺養錢法』，並且開始增加多元投資，因此我的存摺又多了股票投資、保險投資，以及房地產投資……等等，讓我對累積財富更有安全感！

5個改變，擺脫『借錢人生』的第一步。

下面就是我為了徹底擺脫借錢人生的痛苦，訂定5個自我改造的小目標，來幫助我改變用錢習慣和態度：

❶ 為自己買第一張儲蓄險：

21歲時（還是月光族時期），我的打工月收入只有2萬多到3萬，但是為了實行存錢計畫、早日擺脫貧窮，我決定跟當時在壽險業當理財顧問的姊姊買生平第一張小小的儲蓄險，每個月只要繳1千多元而已，我都利用打工每個月5號的發薪日直接轉帳扣款，這樣我也不會心痛或是拿不出錢來！

這張小小的儲蓄險只是我開始存錢的第一步而已，等收入越來越高之後，我又再多加了一張儲蓄險，這張一次就要扣3千元，一樣是每月扣。沒想到不知不覺中，一年也可以存到2萬元，等於是無痛存錢法！後來隨著開公司創業之後的收入變多，我又多買了幾張儲蓄險，幾年下來竟然也存了數十萬元！

到了23歲時，我發現自己的工作很累、很傷身體，於是又多買了一張醫療險。等到27歲時，我重新審視自己買的保單，發覺我總共買了4張儲蓄險、一些加值的醫療險，一年下來大概要繳30萬！這些都是十年期的保單，先不管還本的金額會有多高，至少我每個月都讓自己強迫儲蓄成功，結果就這樣越存越多，保單也越買越多、保障也越來越高！

從小小的一張儲蓄保單開始，我竟然可以慢慢存錢存出好幾張保單，這也是我第一次轉變自己用錢的習慣和觀念！

❷ 設定買房當目標，不再亂撒錢：

以前有男友的時候我喜歡存錢，是因為我想把錢花在男友身上，我自己買衣服可以一件399，但是說也奇怪，買給男友的衣服一件1萬元我也不會心疼，我總是非常捨得花錢在男友和他們家人身上，對男友比對自己還大方！

在這樣的循環下，有一天我意識到自己存款簿的數字累積得很緩慢，加上那時候受到男友無薪假的影響（兩個人的花費，我要支出比較多），我幾乎存不了什麼錢，心理一直有個聲音告訴我，我不能再這樣下去了，雖然我很愛男友，但是我也知道如果不做一些改變的話，將來我們兩個都會很窮困、很可憐，於是在2011年時，我決定把理財投資轉向房地產！

當決定轉向房地產後，為了累積買房子的頭期款，因此從準備階段開始我就慢慢改變自己花錢的習慣，開始不愛娛樂、不喜歡亂買東西，甚至對男友也沒有出手那麼大方了。

❸ 開始記帳：

你知道自己一個月到底花多少錢嗎？你又知道自己每個月花在吃飯、交通、治裝、娛樂、投資理財等各別支出的比例又是多少嗎？

我相信很多人都跟當時的我一樣完全沒概念，只知道自己一個月賺多少，卻不清楚一個月到底花了多少、都花到哪裡去了？到底該如何弄清楚自己的消費習慣呢？我覺得記帳就是一個很好的方法。

現在有很多供人免費下載的ＡＰＰ記帳軟體，只要輸入消費金額與明細，就可以幫你統計出各類支出的比例，很方便好用，或是你要買一本收支帳本來記帳都可以，總之就是要養成記帳的習慣。

像我也是開始記帳之後，才發現原來之前亂買東西的習慣對荷包的傷害這麼大！以前我總認為這些都是小東西、花不了什麼錢，卻不知道自己東買西買的，累積下來就是一大筆錢，錢就這樣無聲無息的被花掉了，真的很恐怖！

透過記帳的方式，我會清楚看見哪些是該花的？哪些是根本可以不用買的？哪些又買太多了？區分清楚之後，我在花錢的時候就會變得理智，花錢的慾望也自動降低了，存款簿的數字也自然成長變快了！

❹ 只花皮夾內的現金：

我覺得這招很不錯！我出門皮夾裡一律都只放1千元，然後只會花皮夾內的錢，如果不夠，就不消費了，拒絕養成領錢的習慣，就能讓自己的錢妥善留下來。

我算是自制力很夠的人，如果你自認為是有可能受誘惑又去ATM領錢或是刷卡的人，那我建議你連金融卡和信用卡都不要帶出門，才不會破功。

另外，我曾看過理財專家有提到一個方法也很不錯：就是每次提款只提一週的生活費，例如你估計一星期大約要花5千元，那你就只領5千元，花到光為止，不到下一週，絕對不再領錢出來用。

這樣做有個效果，就是當你每次要花錢打開皮夾時，看到裡面的鈔票不斷減少，無形中就會有所警惕，也比較不會衝動消費，只要能做到當週不見底或透支，就代表你已經懂得節制消費了，下個月起可以朝向每週只花4千元的目標邁進，慢慢的你就能越存越多了。

❺ 把逛網拍的時間減少：

我雖然是做網路生意起家，可是我算是網路購物的另類，我是在創業後三年後才開始逛網拍、買東西的，以前我很少逛街，也很少逛網拍，開始逛網拍之後，我給自己設定目標，例如：我後天有通告，需要什麼樣風格的衣服？設定好款式之後直接上網鎖定購買，而且也先設定好金額，只要超出預算就會特別注意，這樣就不會在網路上亂逛、亂花錢了，而且也比較好控管預算。

這5個做法其實都不是什麼大改變，剛開始存到的錢也不多，但是只要開始做，就會慢慢看到效果，我完全沒想到，當我開始做這5件事情之後，存款簿的數字果真開始累積了！

多元投資，擺脫『借錢人生』的第一步。

存款開始有了累積之後，我就遵照蔡老闆和第2個老闆教我的事：準備踏出投資理財的第一步了。

當時存款簿裡的錢雖然還沒有很多，但是兩個老闆都教過我錢一定要拿去滾錢，不要放著越放越薄，所以我開始嘗試做一些不需要花太多本錢的投資。

一開始摸索投資理財之路，為的是要多學習不同種類的滾錢術，然後再找出自己最喜歡或擅長的，就像我早期減肥一樣，花很多時間嘗試過許多方法後，才能找出屬於自己最有效的方法。

學習投資，我一向不太看專家說什麼、或是專家建議什麼，因為有實戰經驗才是最重要的，有些專家根本就只會說，沒有親自上陣，教的東西也都偏向理論，甚至整天教人如何賺錢，自己卻不是很有錢，因此與其聽專家的，我比較喜歡向身邊厲害的人直接請教他們的投資經驗，學習這些有錢人的成功經驗，才有可能變成你的成功基礎，除此之外，我也會隨時注意理財新聞和雜誌上成功者的理財方式。

接下來，我除了繼續把保單加碼投資外，還透過一個家裡賣油的小開學習買股票，他不但教我怎麼投資股票，還帶我去開戶，建議我從最小額的股票開始買看看。除此之外，我自己也蒐集資料後開始買黃金存摺，就這樣慢慢存錢、多元投資，但是因為存款還太少，因此還不敢妄想能買房子，其他這些投資我都盡量去嘗試，也都有還不錯的獲利。

◎保單投資：

從21歲買第一張小小保單開始一直到今天，我都會根據人生不同的需求陸續買進一些保單，例如幫父母買的醫療險、幫小艾倫買的儲蓄險和醫療險……等，至今累積保單超過八張以上，每年繳費總額大約在45萬元左右。

保單這種投資對我來說，是一個買未來心安的工具，功用很多，不但能強迫自己儲蓄、節省開支，當然對於身體健康的保障也很重要，另外更可以幫孩子提前準備教育基金、幫他理財，對自己將來老年生活的保障也提前規劃，萬一我年紀大失去工作能力時，至少我還有保單保障我的生活，像其中有的儲蓄險在我32歲時就能還本、有的是50歲時可以領回6百萬，放到65歲的話退休金有8百萬！

而小艾倫出生後，我也幫他買了醫療險及六年的儲蓄保單，他剛出生時買醫療險是最便宜的時候，所以寧可早買；而儲蓄險是選擇年繳3萬6的，單利2.5，我就利用這個六年保單來存他的學費，到期後有22萬5，雖然不是很多，但我買儲蓄險的主要目的只是想先為他存一筆錢下來，到了要用的時候才不會有急迫感，這也是因為我從小就體會到和爸爸開口要學費都要的很痛苦，因此想先為孩子做好準備。

關於投資保單，我會建議年輕人或是薪水比較少的小資族，一開始買保單要以基本的保障為主，例如：針對健保不給付的部分，買實支實付的醫療險。

而且我會奉勸讀者，買保單這種投資是屬於長期性的，因此千萬不要讓保費超過自己的能力所能負擔的程度，這樣不但會很辛苦，而且萬一繳不下去，中途解約損失更大。

如果是一個小家庭要買保單，我會建議要看誰是主要的經濟來源，這個人的保額就可以買高一點，但是我要叮嚀一件事：保險一定是買不完的！所以要衡量自己的能力來選擇適合的保單，並且定期調整保單內容，例如說房貸結清了、或是小孩子長大了等等，要隨著當前的狀況來調整，請信任的保險員來幫你規劃，這樣保單的保障才會更完整。

還有，小心不要買錯保單，保單不是有買就好，買到不適合你的保單還可能賠更多！我有個朋友多年前聽信保險業務的建議買了一張六年到期的保單，當時這個朋友剛創業，才30歲而已，他跟保險業務說希望能幫他挑一張短期就能獲利的儲蓄險，結果保險業務推薦他一張保單，跟他說這個只要繳六年、每年繳10萬元，六年到期後自動連本帶利一次領足70萬。

朋友一聽，這個很不錯，他不想放太久，因為剛創業，生意可能隨時需要周轉，如果只放六年就可以獲利將近10萬，投報率超高的！同樣的錢放銀行六年也不過幾千元的利息而已，因此決定一次買二張。

沒想到，這個保險業務員不知道是剛入行的菜鳥還是刻意欺瞞他？六年到期後朋友不但不能一次領回140萬，而且每年只能領回大約2萬多一點，領到朋友身故之後，朋友的家人才能一次領回繳出去的錢！原來這根本不是什麼儲蓄險，而是類似專為60歲以上族群規劃的退休險，主要的保障對象不是投保人，而是身故之後留下的家人！

這真的是差太多了！這張保單不僅不適合他這麼年輕的投保人，而且最慘的是，別以為朋友可以就這樣慢慢領一輩子的錢，身故之後家人還能全數領回當初繳出去的120萬，真是想太美了！反而是活越久、領越多的話，他的基數就會被扣得越多！

保險公司核算給他看，發現他只要開始領到第二年，原先120萬元的基數就會被扣掉幾萬元，一來一往等於根本沒賺，他氣得趕緊跟保險公司解約，結果最後拿回來的錢，再加上前二年保險公司給付給他的養老金，六年下來他不但沒賺，還倒賠幾千元，比放在銀行還虧！

這件事情真的很扯，朋友跟保險公司的高層反應也沒用，因為業務員說保單的條文都寫得一清二楚，簽約是你情我願，他們沒責任，但是朋友說保單上的條文密密麻麻好幾頁、又有一堆專業術語，當時簽約也是因為信任業務員，就沒有逐字檢查，更何況如果業務員存心誤導的話，就更不容易搞清楚了，所以真的要很小心。

理財方式不同，財富和人生就大不同！

我不太贊成你們把手上的錢都投資到保單上，而且保險也不是買越多就越好，我的公婆就是一個很好的例子。

我公公早期是開營建公司的，和義大董事長還是好朋友，負責台中7期豪宅的鋼構建築，那時候賺很多錢，當然他們也會把賺來的錢再拿去投資理財，但是不同觀念的人，理財就會有不同的結果。

我婆婆是從小苦到大的，所以對於理財都是採取比較保守的態度，她習慣把錢全部都鎖在保單上，從儲蓄險到醫療險，買了一大堆，年繳上百萬。

婆婆會一直買保險，也跟公公當年罹癌過世有關，公公生病期間一直讓婆婆很憂慮，後來她很慶幸還好自己有幫公公買很多醫療險，所以住院期間都有一些補助，不至讓她耗盡家產來治病。

公公以前還曾為了婆婆把錢全投入保險這件事和婆婆吵架，但罹癌後，公公反而跟婆婆說：『還是妳對！』所以公公去世後留下來的錢，婆婆又拿去買更多的醫療險，她應該是抱持著防範於未然的心態吧，到現在還一直對我說，她不後悔這樣做，因為和她同年的人都把錢拿去買股票輸光光了，而她起碼還把錢留在保單上。

每個人有每個人的做法，我也不好說什麼，但是我投資保單不會像我婆婆那樣，年繳上百萬，因為，當你把所有錢都投入一個幾十年後才能動用的帳戶，其實是很沒保障的事！真正的有錢人一定會多元投資，讓錢滾錢、增加獲利機會。

當年，公公他們絕對是有資格晉升為有錢人的，畢竟他們的收入這麼高，我婚前跟老公回他們老家，遇到的左鄰右舍每個人都說我老公家很有錢（但是我真的不知道他有沒有錢，畢竟到目前為止，我仍然習慣用自己的錢支出大部分的開銷），或許他們真的很有錢，只是錢都鎖在保單裡。

但是我公公他有一個好朋友，同樣也是開公司的，好友的太太就是把賺來的錢到處去買土地房產，在新竹各處都有可以收租的房產，他們看準房地產市場，準確的投入資金而不浪費任何錢，再把獲利存入銀行，現在老公退休了，夫妻倆開了一間餐廳，不但坐穩房租及開店收入、銀行裡的存款數字也不斷增加，還有可觀的資產，開心的度過每一天。

我婆婆那個年代，一間房子不到1百萬的物件多的是，如果當年婆婆他們有用賺來的錢買高雄住家附近的土地或房子，可能現在的結果就會大不同了！千金難買早知道，要想當有錢人都需要冒點風險，而願意冒險的人可能後來就是家大業大的有錢人了！

保單這個東西還是要買，但我不建議把所有的現金都投入，像現在我常常跟我婆婆說，妳現在這個年紀應該要好好休息了，但為了年繳上百萬的保單還是得持續全年無休的工作，等於拿身體健康來換取保單，這完全是本末倒置的事情！

想想看，花這麼多錢去買保險是為了買一個保障，但買的卻是你最不希望發生的事情（理賠），可是如果一直沒都有發生需要理賠的事情（生病、住院或意外），你的錢不就白繳了嗎？這樣豈不是更虧？不管理賠或不理賠，都很難開心得起來，人怎麼會做這麼自相矛盾的事情呢？還不如拿錢去投資在能讓你獲得健康、快樂和財富的事情上！

◎股票投資：

由於從小看到母親玩股票而賠盡家產的關係，因此我雖然有跟著朋友的建議而買了一些股票，但我始終不沉迷、也不會買很多。不管股票一進一出是否真的能賺很多錢，股票對我來說永遠只是偶爾小賺的方式而已，並不會花太多時間去研究，也幾乎不看盤，大部分都是聽身邊很會投資股票的人、或是專門以操作股票賺錢的人經驗分享來購買，當然確定要買哪一支股票之前會自己再研究一下。

我第一次買股票，是看到蔡老闆有4、5千萬放在股票市場跑，他對股票有很透徹的研究，於是有空就請教他關於股票的事情，有一次他跟我說可以買一支叫飛宏的，我就跟著買看看，但是當時我根本沒概念股票要怎麼買？幸好當時有個小開朋友很熱心，他教我該怎麼投資股票、怎麼下單，甚至還帶我去開戶，建議我可以從最小額的股票開始試試看，還給我一些其他股票的資訊和建議。

後來我第一支股票就是買入飛宏，我從它2、30塊的時候入手，當時買了二張，後來有漲到6、70塊，但我在高檔的時候就先賣掉，因為當時為了買房子，需要現金，所以賣掉一些股票當買房頭期款，好險賣得早，還有賺到錢，飛宏後來就一路跌到只剩下10幾元了。

再舉一個例子，我曾經跟進一個老闆買股票，新手的我很緊張也很心急，我買入五張，看到漲了1千元我就賣出，想說有賺就好，沒想到打電話問那個老闆，他說他是等到漲到1萬元後才賣出，可想而知，蠢蛋如我，扣掉手續費根本沒賺多少，反觀他，買多又有耐心，等到漲到最高點才拋售，這才是真正會玩股票的人！

之後我都會陸續跟許多老闆請教意見，慢慢學、慢慢買，幾乎都會賺錢，但是我買股票多半只是在我需要多一點現金來做其他投資的時候，會炒一些短線的來賺錢，所以股票大多放一、二個月左右，有的放半年，總之都不長。

後來還買過台積電、晶電、國光生，還記得台積電我是從7、80元開始買的，漲到120幾的時候賣掉，基本上我買賣股票都以有小賺就好，但可能標的選的好，幾年下來都是賺的多，賠的極少。

我對股票投資能給的建議不多，因為我比較像玩票性質的，但是不管是否玩票，股票的漲跌和狀況是變化很多的，所以我買入之後就會常常注意它的變化，不會放著不管。

基本上我對股票是有賺就賣掉，例如一張股票賺個4、5千元我就會覺得已經足夠了，不會戀棧，畢竟我可能一次買個5張，萬一賠了的話，就會賠不少，所以我通常不貪心，有小賺就賣掉。

而一張股票只要賠1千元左右，我就會趕緊賣掉，絕不會拖到1張賠2、3千元以上，可能大部分我都很慎選股票，也不貪心，所以比較少遇到賠錢的狀況。

萬一股價跌了，我也不會投入更多資金去猛追，我始終讓自己對任何投資都保持比較冷靜理智的態度，所以只要不隨便隨市場起舞做太多計畫之外的投入，就能降低風險。

在後面會提到的『4本存摺養錢法』其中有一個股票帳戶，戶頭裡面的資金大約都維持在6、70萬元左右，都是買賣股票賺來的，不算很多，但在需要用錢時或要投資新標的時，這個戶頭裡的錢已經足夠派上用場。

就這樣，我從買入人生中第一張儲蓄險開始，勇敢踏出多元投資的第一步，接下來的短短三年內，到我24歲時，因為靠著拼命賺錢、存錢，又把存下來的錢拿去多元投資的關係，不但讓我徹底擺脫越月光族的悲慘人生，那一年還賺到我人生的第一個100萬！年收入破400萬！

擺脫借錢人生，真的是踏入理財的最大收穫！此後不用再為了錢和人低頭、不用再四處急得調頭寸、不用再因為錢而看人臉色，這種感覺真的好好！

這些初期的投資，我都歸類於學習，在學習的過程中，慢慢摸索，參考別人的成功模式之後再尋找出屬於自己的成功方法，我不管在創業上或投資理財上，都喜歡用這種方式來學習。

聽專家說，不如聽成功者說。

關於投資理財，我想提供幾個觀念給理財新手參考：

❶ 聽專家說不如聽成功者說：

盡量多接觸成功者。

現在坊間有很多教人投資理財的書，但一定要先了解寫書的人本身是不是真的很厲害、很會賺錢？他的方式可不可行？或者他只是很會講道理而已？

我自己能從月光族成功蛻變，我覺得很重要的原因是自己在過程中不斷地汲取成功者或大師的經驗，自己再慢慢摸索，一步步改變不正確的觀念，因此，要學習就向真的很會賺錢的成功者學習；如果身邊沒有認識那樣的人，那就去多看成功者的故事、或是厲害的理財書。

❷ 投入資金前先評估風險：

投資時，我會先評估這個東西有多少風險？畢竟投資就是想要賺錢，而要賺錢是要冒險沒有錯，但是千萬不要以為冒了險就一定會賺到錢！冒險和獲利有時候是不成比例的，因此不要過度樂觀的把一些問題視而不見。

例如：當你累積存到了50萬之後，你會拿去做什麼？有些人會覺得有50萬就可以創業了，但我會認為至少要存到2個50萬之後才能考慮創業！因為當你創業後會有很多無法預期的風險和困難，難免會需要動用到你的另一個50萬。

人家說見好就收，同樣的見不好也要收，尤其創業更是永遠都要先做好最壞的打算，到時候即使真的遇到困難了，這時候手邊另一個50萬就是你的『翻身錢』，讓你不至於一敗塗地，還能全身而退。

❸ 手上一定要有閒裕的資金：

我不建議把手上全部可動用的錢都拿來投資，這樣你身上沒剩半毛錢是無法安心睡覺的，很容易把生活搞得一團糟，因此我會建議，手邊至少要留下一半的錢，其他的錢按照分配比例拿來投資，才不會一賠錢就翻不了身。

❹ 賺了錢先不急著享受：

現在社會上太多賺了一點錢就開始想要享受奢華的人，這是成為有錢人的大忌。

我有個朋友創業二年，一開始很好，後來他一賺到錢就請朋友去吃喝玩樂、二個月後就買新車、三個月後就多請2個員工，結果半年後業績下滑，他只好開始裁員，但裁員之後業績還是沒有起色，只好賣車、賣股票，到隔年，公司只剩他1個人……

這就是賺了錢就急著享受的後果，這樣的人沒有長遠的打算和計畫，是難以成為真正的有錢人的。

我一直跟朋友說，當你經濟狀況好的時候，更要小心謹慎，因為你窮困時，可能再差不過就這樣，但是當你好不容易擁有一個局面，一不小心賠光了，可能比從沒擁有過更慘。

所以我認為學會把錢守好這件事，是很重要的，我認為假如你想買一台百萬名車，月收入起碼要4、50萬以上才有資格享受，老公一直不解我的衡量標準，他認為月收入才10萬的人就買百萬名車來代步的多得是！我會不會標準太高了？我總是跟他說：眼前好，不代表未來就好，如果想更成功、更有錢，一定要把享樂放在最後面，除了守住錢財，也可以穩住事業。

千萬記住，得意忘形是邁向有錢之路的大忌！穩住、守住，才是正確的觀念。

『4本存摺養錢法』，富人都在用的存錢公式。

成功存錢、投資之後，接下來就演變成需要更多的存摺本，因為當存錢和投資都開始上軌道，就需要有不同的存摺來幫助我理財或管理消費支出，這就跟多元收入一樣，多元帳戶也會讓我更有安全感、存錢更有效率。

於是隨著我賺的錢越來越多，後來更發展出『4本存摺養錢法』的概念，來有效管理我全部的收入，因為我知道手邊有錢就容易亂花是人的天性，所以即使我已經比之前更有節制消費的概念了，但是在創品牌和開公司之後，因為業績很好、收入也非常高，所以有些錢還是花得很輕易。

就像賺到我的第一桶金時，我只記得馬上拿去還債（最後一筆學貸），然後壓力一輕，人就開始怠惰，在沒有記帳的習慣下，雖然我不愛逛街購物，但是身邊的人紛紛開始向我借錢，而因為手頭突然很寬裕，因此只要有人來借就給，而且大多有借無還。

就這樣陸陸續續東給西給，突然有一天，我看到自己存摺簿裡的數字越來越少時，當下十分恐慌！以前常聽人說人生的第一桶金如何如何，好像是天大的一筆錢，沒想到我的100萬來得快也去得快，我自己完全沒有感到擁有很多錢的真實感，我第一次深深覺悟到不能再這樣子下去了！一定要好好做好金錢管理和規劃才行，不然我可能一輩子都不會有錢，更別說是要買『夢想家』了！

『4本存摺養錢法』一開始只是誤打誤撞，我為了不想要採用一般人的存錢方式：先留下要消費的錢，剩下的才是存款，我覺得這種方式對於我這種容易心軟把錢借出去、又很喜歡跟朋友聚餐出遊的人很不適合！因為這樣我永遠都會把消費的錢留比較多、存款就相對變少，因此我決定把順序顛倒過來：先預設好應該存的錢，剩下的才是我可以花的錢。

這個顛倒存錢法的觀念很棒，完全打破了我對儲蓄的認知，以前我跟很多人一樣，都是收入減掉要用的支出，才是我能存到的錢，所以常被支出牽著走，往往支出一增加就存不到錢！

而轉變成這個存錢公式之後，平常出門我都只在皮包裡面放一天可以花費的額度，超過額度，即使東西再喜歡都忍著！然後朋友來約玩樂，只要發現去的地方消費超過我一天的額度，就會拒絕，無形中也幫我過濾掉一些非必要的邀約，讓我的生活從存錢開始改變，慢慢地也變得越來越有節制、有計畫。

當時為了能夠快點存夠基金去買房子，我還曾經一個月花不到1萬塊！而這1萬塊還包括了房租和生活費！（我當時的房租包水電一個月才1500，後面的故事會講到），那一個月裡幾乎是早餐吃吐司、中餐和晚餐吃泡麵，然後不管收入金額大小，我一拿到錢就先存到銀行去。

後來接受一家財經雜誌專訪時，我才知道原來我的顛倒存錢法，就是富人都在使用的存錢公式！

（○）富人存錢公式：收入－（儲蓄＋投資）＝支出

（×）窮人存錢公式：收入－支出＝儲蓄＋投資

看到了嗎？原來富人都是先把要存和要投資的錢留下來，剩下的錢才能拿去花！但是大多數的人做法卻相反，如果再加上花錢沒有節制，存錢計畫很容易只是流於形式，每個月的收入就這樣慢慢花掉了，每到月底就所剩無幾，甚至還透支！

我的『4本存摺養錢法』概念就是，我把所有的錢依照各自的功能來分類成4個帳戶，分別是：❶固定支出的帳戶❷固定儲蓄、投資帳戶❸股票帳戶❹除非有多賺很多錢才會讓自己隨意花用的任意消費帳戶。當時還沒存夠錢買房子，不然一定會有第5個房地產帳戶。

利用4個帳戶來分別管理我的收入和支出，這就有點像一間公司的管理一樣，一家公司要發展起來，就要分部門專業管理，所以記帳本也一樣，分類管理讓你更能清楚知道資金流向，如果這個月多花了什麼不必要的錢，就會提醒你下個月的支出要特別注意，所以我就能很有效率的掌握每個帳戶進出的狀況，這對於想要理財致富的人來說是很重要的第一步！

而可變動存摺『任意消費帳戶』是一定要的，因為那等於是額外支出，收入多的時候你要先預備好，有可能是你突然有旅行充電的計劃，或是其他急用支出，這個帳戶平常可以放著不用，但人生都有『萬一』，這時候就不會打亂你其他帳戶的支出。

從我開始存錢後，接下來大約七、八年的時間裡，我只買過3個包包而已，而且通常都是用壞了才買，因為我把錢都存進去了，要領出來會讓我覺得很可惜，就這樣不知不覺中，錢繼續累積，再加上每個月都會把錢固定存入，常常會讓我打消花錢的念頭，因為我已經很習慣存錢這個動作了。

還有一點，正因為你有變動的『任意消費帳戶』，其實這無形中會控管了你的玩樂以及花費額度，畢竟你存進去的錢就那些，花光就等於沒有，才不會像一般人薪水3萬全存入一個帳戶，每次領一點領一點出來，無形中就領光了。

我的『4本存摺養錢法』分類和概念是這樣的：

❶ 固定支出帳戶：

我每個月都會把固定要支出的一筆數字存入這個帳戶，金額約是固定收入的30％，並且使用自動扣款功能；另外，一定要繳的錢像是儲蓄險、醫療險等，我都使用年繳的方式，因為年繳通常會比較便宜，可以減少支出。

❷ 固定儲蓄、投資帳戶：

我都會把固定收入的30％直接存入，可以當做我固定的儲蓄或是準備做投資理財計畫的資金，我堅持絕對讓它保持每個月都有一筆金額存入，把這個帳戶養得好、養得漂亮，如果將來投資房地產之類的需要跟銀行貸款時，銀行自然會肯定我的還款能力。（這個存摺十分重要，後面房地產投資篇會說到）

❸ 股票帳戶：

大約也是拿出固定收入的30％存入，不把多的錢放入，股票有賺就賣掉，絕不戀棧；賠錢的話也是看準時機賣，盡量少賠，絕對不會賠錢就投入更多資金！

因為有小時候母親融資玩股票失利的陰影，讓我學到教訓：小心駛得萬年船！因此從沒有想過要從股市撈一大票的投機心態，所以我會把投入股市的錢設定在一定的金額範圍內、不讓自己隨便多買，自然就能降低風險。

❹ 任意消費帳戶：

這個帳戶我每個月會存入一點小錢，大約只佔月收入的10％，因為我不知道什麼時候可能會有額外支出，因此若能提前做好準備，才不會要付錢的時候動用到其他帳戶的錢。

也就是說，假如我的固定月收入是20萬元，那我會存6萬元進固定支出帳戶、6萬元到儲蓄、投資帳戶、6萬元放股票投資帳戶，2萬元則放入任意消費帳戶。

我的存錢最高原則，就是不論金額大小，第一件事一定是存入銀行！前面說過人的天性是手邊有錢就容易亂花，所以只要能夠守得住錢，就更有機會變成有錢人！

錢少，更要存錢！

我一定要跟你們說：千萬別因為錢少就不存！

我在演講時常常提到，很多朋友和年輕人都有這個觀念，因為薪水不高，心裡想著反正存也存不了多少，乾脆就不存了，但這樣更糟糕！

這幾年我經歷從沒錢到有錢，體會很深：『存錢和守財都很重要，是成為有錢人的第一步！無論一個人多會賺錢，不先學會存錢，一輩子都不可能很有錢。』

而存錢也算是我真正開始踏入理財的第一步，沒幾年就讓我完全不用向人低頭調頭寸、不用再為了錢而看人臉色，那種感覺真的很好！

如果你不養成存錢的習慣，代表你距離理財的目標還很遠；再來，萬一你生活中突然有一筆額外的支出，你就只能伸手跟家人要，變成啃老族或伸手牌！如果你沒有家人可以要錢，就只能去借錢了，變成一種惡性循環。

所以，我建議你不管收入多少，每個月至少固定存下你2％的收入當作起步，沒多久你就會發覺改變的力量有多大！

我之前就是這樣，寧願少少的存也比不存要好多了！即使那時候我收入微薄、一個人在外花費又多、唸書也很花錢，但還硬是從有限的收入裡挪出1千元去買儲蓄險。

到後來我的戶頭累積越來越多錢之後，有些朋友就會說：『妳現在收入那麼高，當然有錢去投資理財、錢滾錢啦！』這就是很多人常有的一個錯誤觀念：薪資高等於儲蓄多、收入少等於注定窮苦。

這種想法都是錯的！很多有錢人一開始都是白手起家的，我也是從打工的小薪族開始逐漸累積，誰不是呢？

我並不是一開始手邊就有數十萬的資金讓我去理財，我當時甚至還要跟別人調頭寸，比大部分的人都更沒有存錢的條件，但我還是慢慢從買小額儲蓄險開始，到買股票、買黃金、最後投資房地產，這樣一路累積財富的！

所以如果連我都可以，你們一定也可以！

容易讓你變窮人的存錢迷思。

❶ 少用≠多賺！

很多人會以為，省吃儉用、買便宜貨、吃廉價的東西，就是一種省錢方式，其實這是錯誤的觀念。像我平常不太買東西，但如果真的要買，也會買品質好的東西，為什麼？因為你買便宜貨，可能不到半年就壞了或變形了，必須掏錢再買一次，累積下來照樣很可觀，還不如第一次就花錢買品質好一點的東西。

我認識一位媽媽，收入不錯，但喜歡貪小便宜、愛省小錢，連幾十元都想殺價，逛街喜歡買便宜包包，其實家裡已經有上百個包包了，但每個都很便宜卻不耐用，她花這麼多的錢，早就足夠買名貴但能用得久的包包了。

他們總以為省到小錢而開心不已，卻不知這是一種很浪費的行為，沒用到的東西、不好用的東西買一堆就是浪費！多餘的東西，即使再便宜，也是浪費，更何況是為了幾十元在那裏浪費時間殺價，這才是最貴的成本。

仔細想想，其實我以前消費觀念就是屬於窮人的方式，很喜歡貪小便宜，買東西看到便宜的就買一堆回來囤積，想說以後一定用得著，還以為自己賺到了！然而這些東西一開始有新鮮感，還會拿出來用，之後可能就忘記了，然後出門逛街又看到其他更有新鮮感、更好用的東西，就再買下去，完全忘記家裡已經有一堆類似功能或用途的產品了。

窮人的觀點往往是省東省西，連不該省的也省，即使有了一點錢也不敢隨便投資，原本可能有10萬的，多年來都好端端的放在銀行裡，不敢冒險、也不想承擔失敗，多年後還是只有10萬，再加上一點點利息。

相較之下，為什麼很多白手起家的人會變有錢？往往就是因為有熱情、肯衝，因此踏出了不同的一步！把本來的10萬元，滾滾滾，滾出了另一個10萬，甚至是100萬！

❷ 存錢≠守財！

我認為存錢和守財是不一樣的事情，它們都同樣重要，對我來說，每個月把賺來的錢存進銀行是存錢；而節制消費或謹慎投資是守財，無論一個人多會賺錢，都要學會存錢和守財，才能真正有錢。

像我老公本身就是很會賺錢，卻不會存錢、也守不住財的人，看到戶頭裡有錢可動用，就會全用光，從來沒想過要『預留存糧』這件事，加上婆婆總是把家裡打理得很好，讓老公沒有負擔，在這樣的生活環境影響之下，老公跟社會上很多人一樣，比較沒有儲蓄的觀念，因為別人事事都幫他做好、安排好，他反而無法在金錢上獨立。

反觀我，事事沒人幫我處理，我的危機意識自然比較重、想得也比較遠，所以能夠靠存錢和理財不斷累積財富。

因此在我們家是夫妻財務分開管理，他的薪水我不碰，他負責支付家裡的餐飲費和交通費，其餘的大錢、兒子的花費，以及大筆的支出都由我支付和處理。

家中由我這個比較有理財頭腦的人來管理大筆金錢支出，錢才不會只出不進，我媽就是血淋淋的例子，她本身很不會理財，但家中財務卻是由她掌管，父親只負責賺錢，結果她染上賭博惡習又不小心投資過度，搞到家道中落。

所以，了解白手起家的人是如何翻身、如何累積財富的，才是我們應該要學習的，如果我可以因此而改變了我的窮人命運，有一天你也可以！

薪水是死的，腦袋是活的

富人VS.窮人 個性決定你的位置！

女人一定要有自己的籌碼，嫁給誰都不重要了！

很多國內外的學者專家都告訴我們：理財是一輩子的事！應該要從小培養，甚至從小到老都需要理財，只要你還活著，就會需要理財！

尤其越沒錢的人，越需要理財！所以建立觀念和理財知識刻不容緩！

但是有一群人的觀念卻是：『反正收入還可以，又沒負債，不理財也沒差。』因為這些年輕人有家人做經濟後盾，既沒助學貸款，也沒有房貸、車貸壓力，平常也沒在刷信用卡，或是卡費都有家人幫忙繳，所以錢夠用就好，不理財也無所謂。

如果你抱持這樣的觀念，那十年後、二十年後，一直到你老了該麼辦？難道還是吃住靠家裡嗎？而你又有能力成家立業嗎？

很多年輕人都喊薪資少，所以不敢成家，那你怎麼不想想，如果你始終不改變這個觀念，不要說成家了，你將來可能連自己都養不起！

貧窮並不可怕，可怕的是你有一顆窮腦袋！害你一輩子貧窮、一輩子待在『人生失敗組』的，不是先天條件，是你貧窮的觀念，而貧窮的觀念也是會世襲的，窮腦袋會害得你下一代也跟著貧窮。

而只要提早學習正確的理財觀念和習慣，將會帶來意想不到的財富人生，不但能讓你從貧窮大翻身，成家立業和開公司圓夢根本不會是問題！

培養理財的觀念是很重要的，我有個朋友生了一個女兒，是獨生女，每個人都非常疼愛她，一開始女兒要買什麼朋友就買給她，彷彿要補償她自己小時候沒得到的遺憾，因為朋友在童年時期過得很苦，於是在女兒身上產生移情作用，拼命的疼愛和供給，女兒到稍微懂事了還是一個伸手牌、要什麼有什麼，反而害她不懂得體貼父母的辛勞。

我提醒朋友說，妳可以用鼓勵的方式，小孩子幫忙做好一件事情，妳才給，這樣不但無形中可以鼓勵她幫忙，更可以建立她一定要先付出才能獲得的觀念。

朋友後來照做，果然孩子差很多，變得更懂事和節制了，所以別對孩子過於溺愛，供給太過大方的結果，就會像現在很多年輕人一樣，沒有獨立的能力、一輩子都學不會如何處理自己的開支和生活！

像我父親等於從小無形中就培養了我的理財觀念，國小時，父母親並不會直接給我零用錢，我如果幫爸爸跑腿去買菸，剩下的零錢都就可以歸我；或是幫媽媽做一些黏金紙的手工，也會拿到一些零用錢，因此我從小就知道『跑腿或付出勞力＝賺錢』的道理，錢不會從天上掉下來，有付出，才有零用錢。

而且我不但從小就懂得用勞力換取報酬，更懂得每一塊錢都要花得有價值！

小時候我的零用錢很有限，一開始我都是拿零用錢去買我最愛的卡通圖案貼紙，我非常喜歡這種有金色鑲邊、裝飾華麗的貼紙，因此蒐集了一堆、還用好幾本貼紙簿好好的收藏著！

但是蒐集久了之後，我發覺這些貼紙擺在那邊根本沒什麼用處，但是丟掉又很可惜，因為都是花我辛苦得來的零用錢買的。

我覺得自己這樣太浪費錢，於是想出一個花招——我自己做了一個抽獎筒拿去學校給同學抽，每人抽一次一塊錢，只要抽中的人就可以得到一個漂亮的金邊貼紙，而我做的籤紙，是每12張會中1張，等於我每賺11元，才會送一張價值5元的貼紙出去，就這樣我小學時用買來的貼紙賺了不少錢！比從爸爸那裡得到的零用錢還要多！

從小我就知道，花出去的錢如果沒有回收，就是浪費了！會有這些概念和頭腦，要歸功於很會理財的父親平日的教育，再加上我會觀察周遭大人的所作所為，學習之後發展成自己的模式，因此我的理財概念算是啟蒙得很早。

當然如果你現在已經是成年人了，記住：開始學習理財永遠都不晚！畢竟你的理財觀除了會影響自己之外，還會影響到下一代的孩子，小孩子有沒有培養理財觀念，會影響他一輩子！

像我常常聽到有些女生會跟男生要名牌包、名牌手錶等禮物，我每次聽到這種事情都覺得很驚訝，心裡很納悶：『到底這些女生是怎樣的家庭教育教出來的？怎麼可以這麼厲害，完全不會不好意思的開口要禮物？』

我覺得自己遺傳了父親謹守本分的個性，從小父母就告誡我們：別人的東西不要貪。所以一直到長大後我從沒有和別人要過禮物，也從不想靠別人享樂、過日子，我始終認為：想要，就自己得到！

我常常灌輸我身邊的女生朋友一個觀念：女人一定要自己有錢，不要一直想著要靠男人，因為只要妳自己有錢，嫁給誰都不重要！

如果妳是那種天生希望可以靠男人生活的女人，那麼妳可以仔細想一想，從以前到現在，有幾個嫁給有錢人的女人是很幸福的？更何況如果妳嫁的對象並不有錢，貧賤夫妻百事哀，會更慘。

為什麼靠自己最好？因為男人如果有錢了，他能夠擁有的女人自然變多了，如果妳嫁給了這樣的男人，妳整天只待在家裡，說好聽是打理家務、相夫教子，說難聽是與社會脫節、坐井觀天，如果本身再不懂得思考、不懂得學些新東西充實自己，很快的男人就會覺得眼前的女人俗不可耐、跟不上他的腳步，日久漸漸覺得女人配不上自己！這樣感情還能維持多久？

你不是不會賺，是不想賺！

女人要結婚一定要有屬於自己的籌碼：不用倚靠別人的經濟能力！這是我非常堅信的。只要妳擁有這樣的籌碼，嫁給誰都不重要，因為妳完全可以獨立自主。

而女人要有屬於自己的成就感，多半是來自於妳的事業，一個自信滿滿、有事業或工作的女人，吸引人的地方絕對和一般人不一樣。

英國女作家佛吉尼亞．伍爾芙曾經說過：『女人要想獨立，就要有自己的支票本和自己的一間屋。』我非常認同這句話，我的觀念就是女人一定要獨立，有自己的收入和成就感，才能和男人平起平坐、兩性關係上才會平等；如果妳習慣伸手要錢，畢竟拿人手短、吃人嘴軟，會讓兩人的相處情況發生變化，感情再甜蜜也可能會變質。

現在女性的工作能力及賺錢能力其實逐漸凌駕於男性之上，這也是為什麼新聞會報導女性越來越晚婚，她們努力把收入拉高，結不結婚倒是其次，因為，步入婚姻要犧牲很多事，女人的母愛感太強，為了小孩、為了家庭，會寧願放棄事業、放棄自己的夢想，還不如趁未結婚之前好好賺錢、累積經濟能力，才能好好享受生活、顧好婚姻品質。

妳想想看，當妳擁有了自己的支票本和房子，可以追求自己喜歡的生活、任意支配自己的金錢，而不用等身邊的男人打開錢包付錢、可以享有個人的空間和時間、享受屬於自己的權利，這是多麼美好的人生。

我曾參加一個媽媽社團，裡面有很多媽媽為了小孩和家庭而放棄工作，讓先生養家，於是常常發表抱怨的言論，例如和先生拿家用錢要受氣，彷彿拿錢還得要看臉色，甚至婆婆還會出面干涉。

這些女性也曾經有個人的收入，但是放棄工作和收入之後，地位瞬間矮了一大截！在家裡還要壓抑情緒，為了孩子和飯錢，必須忍住情緒煮飯、做家事，這樣的生活會快樂嗎？

所以，為了當一個快樂又幸福的女性，應該從現在開始好好學習理財、賺錢，起碼有個存摺簿，也不至於落到沒收入需要看人臉色的地步。

我曾遇過一個女生對我說：『我就是不會賺錢，所以我要找個有經濟能力的男人。』這種男人難找嗎？不難找，但是花心的很多！於是她換過一個又一個，到後來這個女生竟然還淪為別人的小三，現在30幾歲了仍舊嫁不出去、也始終過不了貴婦生活。

我想跟她和其他有一樣想法的女生說：『你不是不會賺，是不想賺！』

試問，有誰天生下來就會賺錢的嗎？答案是：『沒有人！』沒有人天生就會賺錢，這些都是摸索學習而來的，像我想要一步步走向有錢人之路，創業前幾年到處奔波、請益，就是為了學習不同老闆的賺錢方式，我花了很多時間觀察他們，這些人沒有一個會說：『我就是不會賺錢！』他們只會說：『我就是想賺錢！』

賺錢是種衝勁，也是一種熱情，我老公以前創業時，因為從小家境富裕，所以他對賺錢沒那麼大的衝勁，遇到困難時也不懂得堅持，又常常覺得一個人創業有點孤獨想放棄，到最後都虎頭蛇尾，接連收掉二個店面，最後也沒有累積到財富，最多打平而已。

像他這樣子的態度並不可取，所以我常常告誡他，事情決定去做了，就不要後悔或半途而廢，但在做之前，請再三考慮，莽撞行事是不會成功的，所有的事情都需要考慮再三，確定去做了就必須完成，這是對自己負責任的態度。

後來，他和我一起打拚事業後，改變非常大，常常工作到三更半夜。男人有時候像個孩子，很需要別人鼓勵，我從一開始故意不肯定他，到後面他表現越來越好，我開始會誇獎他。

為什麼要這樣做？因為我發現，我婆婆很疼他、很常誇獎他，太受誇獎的小孩容易失去判斷力，他以為自己做什麼都很行，於是容易莽撞行事、想做什麼就做什麼，失敗了也沒關係，反正有大人可以擔，這是錯誤的觀念。我從小很少被誇獎，所以我知道事情不能隨便去做，每件事我都會先想好後路，最起碼失敗了我還可以自己處理，所以事業比較不容易有大問題或狀況。

因此，沒有人不會賺錢、成功也沒有那麼難，一切都可以透過學習和培養，而且我一直相信『個性決定你的成就』，從今天起，找出自己錯誤的個性和態度來改進，發揮吸引力法則，在心裡默念3次：我要賺錢、我要賺錢、我要賺錢！

但是一個人想要脫離貧窮、要一下子賺很多錢不是那麼容易，一定要懂得規劃，並且一步步經營自己，甚至是改造自己！不是改變而已，是要改造，就是改變＋重造！要把積習已久的錯誤的觀念去除，多多學習有錢人或成功者的思考模式！

即使跟窮人一樣的條件，富人終究會翻身變有錢。

不少人看到有錢第二代創業的新聞，都會在網路上酸溜溜地回說：『那還不是因為他爸爸有錢……』事實上，爸爸媽媽有錢、會賺錢，不代表孩子也會！尤其是家境富裕的孩子，能夠靠自己發憤圖強的很少，也見過不少富二代最後變成負二代！所以我相信能夠守住財富、創業成功的富二代，努力絕對不會比我們少。

就像我即使從小就有生意頭腦，但也不代表我長大後自然就變成一個很會理財賺錢的生意人，還是需要很多的學習和努力，而我從過往的經驗中發現，有錢人的想法真的是跟一般人不一樣！

我在理財演講中會提到曾經看過一個故事：

有個窮人因為總是吃不飽、穿不暖，開始怨天尤人和老天爺抱怨：『這世界太不公平了，為什麼富人天天悠閒自在，而窮人就該活該受苦？』

老天爺就說了：『那要怎樣你才覺得公平？』

窮人說：『要讓富人和我一樣窮、做一樣的活。』

老天爺點點頭說：『好吧！』隨即把富人變成和窮人一樣窮的人，並給了他們一人一座煤山，並同時囑咐他們：『每天挖出來的煤可以賣掉買食物，給你們一個月的時間挖光煤山。』

於是窮人和富人開始努力的挖，窮人平常就是做一樣的活，因此駕輕就熟，很快的他就挖好了一大車的煤，到市集上賣了換取食物，也買了很多好吃的給老婆和孩子吃。

反之，富人沒做過粗活，到了晚上才勉強拉了一小車的煤，換來的錢買了幾個饅頭，其餘的錢存了起來。

第二天，窮人又開始挖煤，富人卻跑去市集上逛逛，並且帶回兩個窮人來，命令兩個窮人開始挖煤，沒想到帶來這兩個窮人，挖的速度又快又多、價錢又便宜，讓富人挖了很多煤、賺了不少的錢！他用這些錢投資做起了買賣，很快的又變回富人了！

結果，可想而知，窮人仍舊很窮，每天怨聲載道，而富人變回有錢人之後，還是持續投資，讓自己繼續錢滾錢、更有錢。

看到了嗎？即使上天給我們一樣的條件和環境，富人終究會翻身變有錢，窮人可能一輩子都不知道為什麼自己總是這麼窮，而繼續怨天尤人、不肯改變！

你的想法決定你的命運！如果看完這個故事，你想變成有錢人的話，不妨讓自己的腦袋充充電，開始吸收有錢人的想法、學習投資理財，讓口袋真正富有起來。

在寫書的過程中，我遇到大學時期打工認識的朋友在線上敲我，她說她好佩服我，因為我才短短幾年的時間就轉變真大，居然可以變得這麼厲害！想當初大學時我還曾經向她調頭寸呢！

我這個朋友雖然會存錢，卻沒有活用錢滾錢的原則，所以我和她七年前還在讀大學時認識，直到今天，她的存款數字累積到40萬，但是我早已破千萬，還靠自己的力量在29歲買了4000多萬的『夢想家』，1400萬的裝潢費一次付清！

七年前，我和她一樣是專櫃小姐、一樣的保障底薪，學歷也差不多，但是七年後我們的人生已經截然不同，當時也沒人看得出來我這個要靠調頭寸來過日子的人，有朝一日會徹底翻身。

英雄不怕出身低，不用擔心你以前沒錢、觀念不好不會理財，只要來得及學習，永遠都有翻身的機會。

理財，永不嫌晚！

有沒有錢，個性在決定！

很多讀者問我：『他很想要理財，但是否要先辭職、然後創業當老闆，才能有錢去理財？』有些讀者則是一直不滿意目前的工作，總覺得賺不到什麼錢，想要換工作，問我是不是要錢夠多才能理財？這些問題在我的書裡都有講過了，答案當然不是！

我看過很多人一年換二次工作、做什麼都覺得不夠好、也以為薪水低的工作就是害他沒錢的原因！真是這樣嗎？你不妨問問自己：一直換工作真的有比較好嗎？有因此而存到錢嗎？

第一，職場上薪水的多寡，不代表你能夠存錢多寡；第二，持續變換工作，對職場的表現和累積都很不好。

我之前認識二個年輕人，都是領3萬元的薪水，一個人才26歲，很懂得投資理財，她靠著投資股票小有收穫，讓她比起一般薪水階級的收入好很多，沒幾年就存了不少錢，可以再做更多的投資。

另一個人一開始對3萬元的薪水不滿意，她想多賺一些錢，於是先跳槽到另一家公司，有比較多薪水，到3萬5，一年後她又不滿足，想要創業，就貸款了60萬開服飾店，開了半年生意不佳沒賺錢，再撐個一年之後，她決定放棄了，結束營業後還背債超過60萬！

以上都是真實案例，人可以往更好的方向追求，但是別忘了，前面的努力很重要，都是一種累積，你不甘於低薪，就請先把自己的底打好、專業磨練好，再來大展身手，千萬不要什麼都沒學會就隨便投入另一個產業，結果通常都是賠了夫人又折兵，這是錯誤的！這不代表你有勇氣，而是不切實際、好高騖遠！

我有一個很要好的朋友，她曾交往過一任男友，個性懶散、保守，算命的說他事業不好，不會賺錢，其實不用算命的說，以我一個旁觀者看他的個性也知道他不會『發』，原因在於他對事情的態度。

工作上，他很愛抱怨，月薪只有3萬元，但是要繳得錢很多，他沒有衡量自己的能力就去買車、買最新的 iPhone、筆電，甚至還買了房子（和家人合資），每個月錢都不夠用，除了他家人幫他，連我朋友也得拿錢幫他。

他們大概交往了幾個月之後，我朋友就漸漸清楚地知道自己不會嫁給這個男人了，因為他對用錢的態度大有問題、理財的觀念也很奇怪，而且，他始終都聽不進去我朋友和身邊的人所勸他的話。

我朋友跟他說，你在電視圈工作，又有表演細胞，可以力求表現，看看有沒有機會往幕前發展？搞不好可以多賺一點錢。他聽完後卻完全否定朋友的提議，因為他覺得這樣太麻煩了，別人也未必會願意給他機會，然後繼續過著他愛抱怨又不求長進的日子。

後來沒多久他們分手了，竟然不是因為我朋友終於看開了，而是他嫌我朋友的工作能力和賺錢能力都太強了，讓他感覺壓力很大，無法負荷。

從上面的例子可以清楚地了解到：**個性決定命運！會不會有錢，絕對跟個性有關！**朋友的男友還算有才華，其實只要找到對的路，是可以賺到錢的，但是他完全不肯踏出去，只想一直默默守著3萬元的死薪水，卻又有無止盡的消費慾望，這種個性只會讓自己陷入永無止盡的缺錢噩夢！

另一個例子是，我有個朋友是美編，她本來傻傻的覺得月領3萬5千元就很滿足了，我後來跟她聊一聊，在我的勸說下，她決定利用假日時間接case賺外快，結果，她光靠假日接case每個月竟然可以多1萬5千元以上，讓她收入增加得比加薪還快。

她上班本來搭捷運，後來改為騎腳踏車，連捷運錢都省下來了，順便鍛鍊身體，以前她因為長期坐電腦桌前的關係，運動不足常常感冒，結果改騎車上下班之後，身體變好了，還省下健身房的費用。後來她慢慢存錢，也開始學習投資，現在已經有不少儲蓄了。

我也曾遇過一位女工程師，她自覺沒有什麼專長可以多賺外快，我跟她說沒關係，窮則變、變則通，薪水是死的，但腦袋是活的，可以把自己所有的興趣想上一遍，看看有什麼可以拿來賺錢的技能？她說她的興趣是打毛線，於是開始試著打出一些作品，沒想到就此打出一條『錢途』，她會打一些圖案特別、還有很多立體花樣的圍巾和帽子，吸引許多人來跟她買，現在她的作品不僅能賣錢，假日還被延攬去才藝班授課，賺了不少外快。

以上這二個例子都告訴我們，賺錢和存錢沒有捷徑，不二法則就是從經驗中學、學了變成經驗。還有，千萬別把賺錢想得太困難、太複雜，其實一點點的小興趣、一點點的小累積，說不定都能積沙成塔、累積成一筆財富。

再沒錢，也要投資自己！

再沒有錢，也要多拓展人脈、多學習！你可能會有疑問：都已經沒錢了，還要花錢去學習和增廣見識，那是要我們喝西北風嗎？還是要我們跟家裡拿錢？

我有一個朋友，他早期是默默無聞的設計師，每個月薪水不到3萬元，他知道持續下去薪水還是不會有所成長，所以，他咬牙跟銀行貸款了一筆錢出國去學髮型設計，回國後，他的薪水從10萬元起跳，當初跟銀行貸款的錢很快就還清了，而這筆學費所創造的價值簡直就是翻倍又翻倍，後來沒多久他已經有錢可以拿去投資新莊的房地產了，還小賺了一筆！

所以，不要因為錢少就不肯投資自己，反而更應該要趁年輕時多投資自己，常聽人說，時間跟乳溝一樣，擠一下就有了，我覺得投資自己的錢也一樣，沒有也要想辦法擠出來！朋友聚會可以少去、菸少抽幾包、大餐少吃幾次、電影少看幾場、手機不要動不動就換新的……其實有太多方式可以擠出這筆錢，再不然就像我那個朋友一樣，跟銀行或家人借錢也可以。

投資自己的錢不該省，因為花在對的地方也是能賺錢的！

像我還在唸書最沒錢的時候，用的東西都很省、連機車都是買二手的老爺車來代步，但我還是咬牙買了一台好幾萬的新電腦，因為我知道電腦可以幫我生財、賺錢進來！我可以利用電腦寫文章賺稿費、幫廠商做網路行銷、做企劃案賺外快、經營自己的部落格養人氣……我做的這些事都能大大增加我的收入。

後來我又把賺來的一些錢投資自己去上心理諮商課，讓我在兩性愛情領域耕耘出不錯的成績，後來因此上了新聞和接連出書。

努力工作一段時間後，因為怕一個人總是宅在家裡思維會越來越狹隘、沒有成長，於是累積一筆錢之後，我放下一切去英國留學一個月，拓展見聞和念書充電，回來後，我的想法更多元，除了繼續寫書之外，我還構思出後來讓我公司熱銷破 8000 萬營業額的『XX膠囊』！

這是我利用電腦接案子開始賺錢的經驗，幾年後，當初投資買電腦和上課的錢都不知道已經賺回幾百倍了！

所以，千萬不要因為錢少就不肯投資自己，反而更應該趁年輕時多花錢學習，像我到現在還是固定花一筆錢去學習、也每年都會出國充電或放鬆一下，像今年也安排去倫敦唸一個月的語言學校，讓自己工作再忙也不忘保持學習的精神。

人一定要持續學習，你要賺錢，也要有內容和想法才能賺到錢！所以最好的方法一定是先投資自己，再把所學到的拿來投資賺錢！這就像是你把錢用對地方，錢才能繼續增值，一樣的道理！

所以，誠如我前面所說，人一定要活到老學到老，隨時讓自己準備一筆學習基金，但是也千萬不要為了學習而終止存錢，記住，能存下來的錢才是錢！『先存再花』才是對的理財觀念，我就是靠這個方法才能把錢鎖住，轉而投資理財，再讓錢滾錢。

4年半買16間房，財富翻倍滾進來

第一次買房子就買到爛房子、吃大虧！

從小到大都抱著一定要買一間『夢想家』圓夢的我，對於家一直有個渴望，25歲時，我手邊已經存到一些錢，投資也有獲利，我一直希望能有足夠的資金來買房子的夢想，看來正一步步接近中，剛好當時身邊有朋友提醒我，為什麼不考慮買房子自住？因為我的房租一個月就要1萬元（房子在新竹火車站後面，是樓中樓的新成屋，當時跟男友和妹妹住在一起），也差不多是房貸了。

租給我房子的房東也不過大我2歲，她房子是跟認識的建商買的，再加上是買預售屋，所以買到很便宜的價格，我每個月的租金剛好幫她繳房貸！就這樣大約租了一年多之後，我發覺這樣實在是太不划算了，再加上年輕房東當包租婆的經驗也給了我很多的刺激，認為『租不如買』，讓我開始有了買房子自住的念頭！

我是個超級行動派的人，當我在心中設下買房投資這個目標後，我開始檢視自己的存款簿，這才發現收入不少的我，現金存款卻只有80萬元而已（才開始實施『4本存摺養錢法』沒有多久），再加上我當時沒有薪資證明（當時公司剛成立不久，而一直以來蔡老闆為了省錢，從來沒有幫我報過薪資和勞健保），所以自備款就得拉高，於是我賣掉一些股票拿到40萬、總共湊到120萬當頭期款準備來找房子。

我當時想說大概只要找3、4百萬的房子就好，本來是鎖定藥局附近的房子，這樣上班也比較近，但是我第一次買房子完全沒有經驗，也不懂得要多看幾間之後再下手，看了1、2間之後，有一天有個美容師朋友跟我說她的客人想要賣房子，房子裝潢得很漂亮，而且屋齡才一年多而已，問我要不要去看？

那間房子在新竹的牛埔路上，離新竹火車站不到15分鐘的路程，早期那邊都是農地，後來有在慢慢開發中。這間房子本來是二房一廳，但是屋主把二房改裝成一房、一個更衣室，裝潢得是很華麗漂亮，但是屋主可能是喜歡暗暗的調性，室內的照明不足，而且很多地方都用厚窗簾遮起來，陽光進不來，整間房子都很陰暗，我看過後覺得不是很喜歡，有點不想買。

但是朋友在旁邊極力慫恿，再加上當時的男友也說這間房子裝潢得很漂亮，不買可惜，再加上是自住，不需要考慮轉手的問題，所以買到一間已經裝潢好的房子比沒有裝潢的要省事多了，他們都勸我應該先買個房子自住求安定，這樣就能專心衝刺事業。

最後我以390萬元的價格買下來，搬到新家的當天，我無意間在夾層中發現前屋主遺漏在那裡的房契，原來前屋主當初買這間預售屋才2百多萬而已，我足足被多賺了1百多萬！（前屋主應該是把裝潢都算上去，還加了好幾成利潤）

沒想到住進去後，接連發生很多不好的事情，不但事業開始出問題、員工擺道、小人居中搞鬼，連通路業績都大幅下滑！而男友和妹妹睡在我旁邊時都夢到死人和一大群烏鴉飛進房子裡，他們兩個都不是迷信的人，卻都說出令人毛骨悚然的話，於是才剛住進去二個月之後我又急著搬出來，搬到蔡老闆隔壁房子的樓上，並且先把房子租掉。

說也奇怪，搬離那間屋子之後，公司營運不但開始回復，還蒸蒸日上，許多麻煩的問題也都迎刃而解，我這才明白前屋主為何裝潢好才一年就急著賣了。

而我把房子租出去後，短短一年內就換了5個房客，每個住進去的人幾乎在第二個月就開始繳不出房租了！理由很多，大多是『媽媽生病』。後來還發現其中一個房客就是曾經鬧上新聞、赫赫有名的『過肩摔』檳榔西施，這間房子也因為她的關係而上了壹週刊，她後來也是以媽媽生病為由拖欠我的房租。

連續的事件和麻煩，讓我急於想把這間房子賣掉，但是一開始開價太高，雖然裝潢漂亮卻乏人問津，後來遇到八年前就認識、有點交情的朋友轉行當房仲，他很盡心盡力的幫我賣房子，最後是以相同價格完全平轉，沒賺也沒賠，不過如果把房租收益算進去的話，算是小賺。

歷經第一次買房子的可怕經驗後，我學到幾件事：

❶ 在還沒有真正成為有錢人、手上資金還不夠寬裕之前，買房子不該自住！

一來，資金如果都投進自住的房子，可以拿來投資理財的籌碼就沒有了；二來，錢還不夠多時，應該是盡量拿去錢滾錢，而不是買房自住享受。

❷ 當包租婆是個不錯的投資。

我人生中的第一間房子——花冤枉錢買教訓

案例	不祥噩夢屋
買點	2010 年 9 月（實歲 25 歲）
地段	新竹市牛埔路（近交流道）
屋況	1 年新成屋，大廈 10 樓，2 房 1 廳，含車位 26 坪
總價	390 萬元（自備款 120 萬元，貸款 270 萬）
裝潢	已附精美裝潢
房貸	20 年期，2%，本息攤還每月繳 13000 千多元
投報	自住 2 個月後搬出，改出租，租金每個月收 1 萬 5000 元，投報率約 4.6%
處置	一年多之後平轉賣出，將資金投入下一間收租的海洋屋
當時經濟能力	剛成立公司，月收入約 2、30 萬元

以前房東和那個房子的經驗為例，只要選對物件，租金扣除房貸之後還是可以小賺的，這樣的發現也誘發我下個目標設定要買房子當包租婆。

❸ 房子的風水很重要！

有了前車之鑑，之後我買房子都會請人來看風水，有趣的是我對房子的第一直覺和風水師的結論都差不多，所以我就更相信一件事情：買房子一定要自己真正感覺不錯的才買，如果第一時間覺得不喜歡就千萬不要買！否則光聽身邊的人或房仲慫恿你買你就買，通常都很容易後悔。

❹ 買房子絕對急不得，養成『三多好習慣』：多看、多打聽、多觀察！

如果你是買房新手，記住千萬不要當場決定，不然很容易因為現場的氣氛或壓力而沒有考慮清楚、犯下錯誤！

多打聽，我會建議不要光聽仲介或屋主的一面之詞，多向鄰居、管理員、管委會，甚至是里長、周邊其他社區的住戶、管理員……等，打聽、詢問、閒聊，通常都能問出很多你所不知道的細節，有時候上網搜尋，也能看到一些關於該物件的討論，可以一起評估。

像這間房子才一年新、裝潢又很漂亮，前屋主還特地把二房改成一房、一個更衣室，可見是屋主要自住的，那為何花錢裝潢好才住一年就急著要賣？這些都是疑點，如果在買之前我有多一點的時間想清楚、或再問詳細一點，也許就不會有這次不好的經驗了。

畢業快速存錢翻身，登上財經雜誌封面。

我從第一間房子學到了『買房子當包租婆是一種還不錯的投資』，只要選對物件，不但可以先出租給別人、讓別人幫你繳房貸，未來還有往上增值的空間，賣出去可以再賺一筆；而即使不賣，自住也是一種方式。

房子不像車子，一落地就開始折舊，一年後就折價好幾成！也不像名牌包，買來用了一、兩年後，價格可能只剩下當初的三分之一！我覺得房子是一種最好的理財方式，只要你用對方式，租金拿來繳房貸是可以的。

從第一次買錯房子之後，我開始努力研究房地產，決定要讓房地產成為我賺錢的工具之一，而且即使再喜歡的物件也不留著自己住，我知道前面的錢滾錢是為了讓後來有辦法可以住進更好的房子！

2011年，我上『Smart智富雜誌』封面故事時，跟採訪記者說我的目標是要當包租婆、盡快從房地產賺到人生的第一個1千萬！這不是空頭支票，因為接下來幾年的時間我都是朝著這個目標努力前進！

賣掉第一間房子之後，我又重返租屋族的行列，當時一個藥劑師朋友剛好有房子要出租，問我要不要來住？他的前房客是一個新創業的老闆，住進去三年，事業蓬勃發展，後來是因為要到別的地方發展才搬走。

第一間房子的問題讓我開始在意起風水，後來不管是買屋或租屋，我都會稍微打聽前任屋主或租客的情況，而藥師朋友的房子我一聽就知道是間『好運屋』，這樣的房子風水應該不錯，住進去可以承接好運氣。

更幸運的是，朋友的房子在新竹市一棟華廈的二樓、有一房一廳，朋友算我一個月的租金只要6千元，還包水電，我算是撿到便宜了！如果以當地的行情，那間房子可以租到1萬2～1萬5，而且還不包水電。

重點是，搬進去這間房子之後，的確帶來一些好運氣，不但公司的業績節節攀升，甚至還超越了先前的水準，而且我還認識了現在的老公艾倫，結下日後的好姻緣！果然，一間房子的『氣』好不好，真的很重要。

雖然房租已經因為友情價而夠便宜了，但是為了盡快存錢買房子，省錢省上癮的我又開始動腦筋，覺得房租還是可以再減少一些！

我覺得自己一個人住20幾坪的房子太大了點，於是我自己用隔間做了道門，這樣子就變成有二間房了，我住其中一間，另一間就上網路租掉，然後把本來買給妹妹睡，但只用過一次、幾乎全新的床墊給租客使用，我也沒附電視，他自己用電腦看，一個月租金４５００元。

如此一來，我每個月的房租只要繳１５００元就好了，還包水電，大概是之前租金的十分之一而已，每個月都可以省下好多錢！而這個房客到後來已經租超過二年了，表示環境他還蠻滿意的。

接下來我開始思考，要買什麼樣的房子才是賺錢的『黃金屋』？我想先當包租婆賺錢，首先當然就是買入價要夠低，然後轉租出去有好價錢，這種房子似乎是有翻新增值空間的中古屋。

我注意到房市上也一直有在流行中古舊屋改裝翻新，通常翻新後的價格都會翻倍，不但更好賣，而且租屋也很夯，於是我鎖定新竹的中古屋，四處看房子看了起碼有一年的時間，最後在新竹巨城購物中心附近看到一間二十年的中古屋，雖然很舊了，但是價錢合理，附近還有麥當勞、超商和銀行，感覺生活機能很好、交通便利，要逛街買東西也都很方便。

我用４００萬把它買下來，規劃改裝成五間套房出租，而且因為我深信『水能生財』，因此決定把改裝主題設定為海洋屋，請一位懂設計施工的朋友幫我打造，希望能用漂亮的裝潢來吸引租客，這五間套房都有不同的風格：海底城、古希臘或古羅馬寓言……等等，走道上還有３D投射燈，感覺彷彿置身於漂亮的海底世界中，讓室內空間會說話，主攻附近的上班族和小家庭。

我把海洋屋的五個房間都規劃成飯店式的精美套房，裡面應有盡有，衣櫃、書桌、書櫃、冰箱、電視、收納椅……等等，桌上還有電磁爐可以煮飯，大間的套房裡面還有洗衣機，可以完全照顧到小家庭或是單身貴族的生活需求，果然一裝潢好就很搶手，多年來始終都是滿租狀態。

所以房子不怕老舊，只要花心思改裝得漂亮舒適，照樣很受歡迎！我相信對於要住在裡面的人來說，房子的裝潢和配備才是最重要的，方便、乾淨、應有盡有，這些才是他們最在意的，因此只要用心照顧到房客的租屋需求，房子是不怕租不掉的，而且投報率也很高。

像我隔出五間套房，大的有二間，平均租金是8500～9000元；小的有三間，每間租金都是7500元，5間租金總共4萬元，而

人生的第2間房子——投報率超高的『黃金屋』

案例	精心設計海洋屋
買點	2012年5月
地段	新竹市，巨城購物中心附近
屋況	二十年中古屋、30坪
總價	400萬元（自備款250萬，貸款150萬）
裝潢	重新改裝，隔成5個套房，裝潢費約80萬元
房貸	20年期，利率2%，本息攤還每月約8000元
投報	出租，月收租金共4萬元，投報率10%
處置	2014年5月舉家搬回高雄，因此售出。

我買這間房子400萬，貸款才150萬，每個月房貸本息攤還不到9千元，投報率高達10％！

所以我把這種『投報高、收租穩』的房子稱為『黃金屋』，如果能找到這種總價不高，但是地段好、附近租屋需求又夠的房子，不但能讓你輕鬆變身包租公、包租婆，而且只要善於規劃、懂得包裝和行銷你的房子，每個月的租金收入保證除了繳房貸之外，還能多一筆額外的收入！

第二間房子的規畫成功，我才算是逐漸踏入房地產界，而當我開始以租金養房之後，『才發覺原來想要一次就賺足年收入是真的可以的！』

28歲就賺到1千萬，房地產滾出來的！

當收租的黃金屋越來越穩之後，我的心裡又開始蠢動，考慮投資下一間房子了！於是我對自己訂下新的目標：我要強迫自己達到一個月買一間、連買三間房子的目標！

這個目標的壓力很大，但是當時會有這樣天外飛來一筆的想法，純粹是因為覺得自己的適婚年齡也到了，應該要更努力積極的多賺一點錢，才能開始考慮結婚、生孩子這種事，雖然當時根本還沒認識我老公，不知道未來的老公有會不會有錢？但是我從來都不是那種只想依賴老公的女人，我認為女人一定也要有自己的經濟能力，才不會處處受制於人。

所以為了多賺錢、多投資獲利，我才訂下這個不一樣的目標，來挑戰自己的賺錢極限，想要看看自己的能力到底到哪裡？

當時對我來說賺錢已經不是問題，我相信自己處於再艱困的環境裡都能賺到錢，重點是如何能善用賺到的錢再投資滾出更多的錢，然後盡快達到我的目標，早日實現擁有『夢想家』的願望！

當時我的公司剛起步，手中能動用來投資的錢還不是很充裕，因此我讓自己在生活上盡量做到更簡單、低物慾、少花費，不買名牌包或奢侈品，吃飯也很隨便，連朋友聚餐都盡量婉拒，然後把大約80％的收入都拿來投資房地產或存起來，並且設定有賺就好、不貪多，因為我沒有充裕的資金耗在那裡，我希望短期內能多買幾間，然後快速買賣，這樣才能更快去投資新的標的、賺錢才會快！

所以在買下海洋屋的一年後，我連續三個月買了三間房子，真的做到一個月買一間！

第一個月，我買的是預售屋，這等於是我人生中的第三間房子。當時根據我的財務規劃，這間房子就是要快速買賣來賺價差的，而不是放著出租，因此買預售屋脫手比成屋容易、資金也不易卡住。

既然鎖定短期買賣預售屋市場，就要去找有很多買家接手的地區，我選在新竹一個新興發展中的重劃區——關埔重劃區，那裡的房價正在起飛，預售屋多、買方也多，買的時候我就知道這間是好房子，一定會賺錢，因此我設定短線操作，只要有買家就賣了，後來短短一個月內買進、賣出，我小賺30萬，當時如果繼續擺放到成屋後再賣，少說可以獲利百萬以上！

但是我不後悔也不貪，因為我覺得投資這件事情一定要充分掌握你手中能運用的資金，如果資金還不夠充足，就不要拖，有賺就跑，再去鎖定目標投入，讓錢不斷滾動，自然就會財源滾滾而來。

隔月（第二個月），我又買進了一間三房的高價格物件，本來這間房子也是想買預售屋，這樣負擔比較輕，不過因為在看房子的過程中我看中這間位在黃金地段上的稀有好物件，覺得不買可惜，因為我知道這間一定可以在短期內賺更多，於是決定湊足頭期款去買下這間才二年新的華夏。

我把賣掉預售屋賺來的20萬（因為又拿了10萬元給家裡），再加上賣掉手中部份股票的獲利、以及一些固定收入的存款等，湊到350萬元自備款買下總價將近1千萬元含裝潢的房子，那是我人生中的第四間房子。

這間房子也是位在關埔重劃區內，我看好這間房子的增值空間大，因為幾年後這附近就會有華納威秀進駐，再加上交通方便以及鄰近超市等優越條件，果真這間房子買入才短短半年的時間就漲了上百萬，後來我以1200多萬元賣出，增值超過20％，再加上每個月的租金收入，等於扣除掉一些買賣的相關成本、仲介費之後，我還淨賺200多萬！

第三個月，我買的也是預售屋，但是買在高雄。

我投資了幾次預售屋之後，就決定轉到高雄去買，因為我認為高雄的房價還會再攀高，而會買在這裡，主要是因為老公是高雄人，我的婆家和娘家都在高雄，我懷孕後也常常回高雄住，意外發現高雄的房市逐漸成長，並且左營區開始形成精華地段，我很看好，還找婆婆、小姑也一起買，一人買一間。

除了第一間房子之外，我後來買進的房子每間都有增值，增值幅度都很大，出租的房子也都很穩定，就這樣，我用四年的時間，努力賺錢、存錢、投資買房子，然後再小間換大間、出租賺租金，接著把新竹一些房子賣掉獲利，

人生的第4間房子——黃金地段的高價屋

案例	3房高價屋
買點	2012年8月
地段	新竹關埔重劃區
屋況	二年新屋、27坪
總價	990萬元（自備款350萬，貸款640萬）
裝潢	簡易原裝
房貸	20年期，利率2%，本息攤還每月32000多
投報	租金32000元
處置	一年後以1200萬賣出，投報約21%
當時經濟能力	光是公司的薪水＋紅利，一個月平均收入4、50萬元以上

再加上我其他的投資和存款，28歲那一年，我賺到了人生中的第一個1千萬！

可以說，這1千萬是靠房地產滾出來的，雖然存款已經累積到幾百萬，但真正最大的獲利，還是來自房地產。

一年內出手5千多萬，買下『夢想家』和第一間商辦。

賺到第一個1千萬之後，我還是繼續看屋、買屋，後來發現在高雄比較夯的區域應該是漢神巨蛋百貨周邊和農16特區，尤其農16特區這裡號稱是高雄的『信義計畫區』，除了有漢神巨蛋百貨以外，未來還會再多一個購物中心『義大東方摩爾』，此外還有規劃公園、文教區……

人生的第 5 間房子——高雄預售屋

案例	高雄預售屋
買點	2012 年 9 月
地段	高雄左營區（北高雄蛋黃區）
屋況	預售屋，27 坪，2 房 1 廳、無車位
總價	500 多萬元
裝潢	建商附簡易裝潢，有買簡易家具
房貸	月繳 1 萬
投報	完工後出租，月收租金 15000 元，投報率約 3.6%
處置	出租中，市價已翻漲到 800 萬

等建設，我看好這種有商圈、有公園、有捷運、有政府單位進駐的地區，房價只會飆升，不易跌。

後來，2013年底，我再度鎖定這二個地點投資，一次買二間，一間是投資要出租給別人；而另一間買在2014年初，就是我的『夢想家』！

買『夢想家』一直是我從小的心願，小學時我自己就常常會拿東西和布把一個空間圍起來，變成我自己的『秘密城堡』，我很喜歡躲在裡面，想像自己是住在城堡裡的公主，只有裡面是我的家，城堡外面都不是我的家，我常常在裡面一待就很久，玩自己的遊戲，渴望那個就是我專屬的、溫暖舒適的家。

在我心中，這個『夢想家』應該就像我夢中的堡壘一樣，是一間舒適、溫暖，又給我十足安全感的大房子！

想像中它應該要非常大，將來不但連老公、孩子們都有能夠開心使用的大空間，而且裡面至少要有一間非常大的浴室，浴室裡有大片窗戶、大鏡子，通風又漂亮，在裡面可以舒服的泡澡、閱讀、上廁所，不用擔心會像小時候老家的廁所又破又舊、連門都關不好，每次上廁所都很緊張會有人闖入！

沒想到直到2014年，我才終於能夠一圓夢想，買到了從小就渴望已久的大坪數『夢想家』了！我終於擁有屬於自己的城堡了！

其實從懷小艾倫開始，我就覺得應該要盡快買到『夢想家』，希望小艾倫一出生就能住在我們的『夢想家』裡，再加上當時已經有足夠的資金和經濟能力，因此持續透過許多房仲來找房子，新竹和高雄都有去看，本來我很想要買在新竹，但因為老公是高雄人，他很希望我能買在高雄，本來我還沒想過自己會回到高雄落腳，後來老公好幾次說服我去看高雄的房子。

一直看了很久，都沒有很適合的，直到2013年底，我們去看農16特區這棟24層樓的新大廈，那天仲介帶我們看好幾間，因為是新完工的，所以有好幾間要賣，沒想到小艾倫那天很奇怪，平常很冷靜、很乖的他，竟然在看房子時一直哭，一進去就哭、出來就不哭，一直看到第六間，進去都不會哭，還很好奇的東看西看，我一看門牌號碼是88號，剛好小艾倫的生日是8月8號，幾個巧合點讓我感覺很好奇，就問房仲：『這間房子是誰的？』

沒想到房仲跟我們說，這間房子的屋主沒有要賣，只是讓我們進來看看格局的，後來越聊越多，才發覺真是巧合，原來這間房子竟然是老公一個朋友的父親買給他弟弟的，所以我就請老公去詢問看看他朋友，他朋友說可以和弟弟談看看，因為弟弟人在台北，還在考慮要不要回來住？如果是我們要買，應該可以談，結果我們很幸運的就這樣買到了！

我當時一看到位於高雄豪宅區的這間房子就很喜歡，最吸引我的是它本身規劃設計都很講究，用的建材一看就是頂級的，而且我們樓下就有小公園，對面還有凹仔底公園，前面就是國小，然後走路5~10分鐘就有國中和捷運站，不但交通方便、附近生活機能不錯，連以後小艾倫上學唸書都很方便。

買下來之後，才發現原來旅美球員陳偉殷也跟我買同一個物件，和我們是鄰居，住進去之後有一天還在樓下還巧遇昆凌，不知道是不是周杰倫也想買這裡？呵呵～

雖然房子比較貴一點，總共110坪含2個車位，總價約3千萬、但我的個性是平常可以很省，可是對於自己認為對的事情就會不惜砸大錢，我知道『夢想家』是要跟心愛的老公和孩子一起生活的地方，因此我原本就規劃等我準備好了才能去買，即使會花很多錢都沒關係，前提是我必須要提早存錢、投資，讓自己盡快賺到足夠的資金來買『夢想家』，還好的是，我知道買在好地段的房子不會跌價、也不會後悔，是值得投資的物件，因此貴一點也能接受。

於是我賣掉一些房產、加上存款，買下了『夢想家』，裝潢的時候我請設計師把原本四房四衛的格局，改成三房三衛，因為我希望客廳很大，感覺很寬敞又舒服。

此外，為了規畫出讓大人、小孩、老人家都能夠開心使用的空間，裡面有自己喜歡的漂亮大廁所、柔軟又好睡的大床，不再是小時候睡的那種硬梆梆木板床、有採光很棒又亮的大客廳、開放式書房、小艾倫一整片的遊戲牆，還有裝潢華麗的孝親房，可以隨時接父母親或婆婆來家裡住……

尤其是孝親房，為了讓父母們來住都很舒適，我請設計師幫我採用無障礙空間的規劃，配色方面簡潔大方，孝親房的廁所也要很大，讓老人家洗澡比較方便、不容易跌倒。整個裝潢花了1400萬，不過房子到今天一年多的時間已經增值了800多萬！

買下『夢想家』圓了多年的夢想之後，因為花了不少資金、加上公司這二年有開實體店面的計畫，因此房地產的投資計劃都先暫停，但隨著公司的擴展、員工越來越多，我們當初設立在商務中心裡的辦公室已經不敷使用，我開始思考是不是有可能買一間商辦，做為高雄的據點？

但是我發現商辦並不好找，風水好的商辦更少，再加上我對高雄很多地段都不太熟，所以一開始還是針對最精華的農16特區來尋找辦公室地點，再加上『夢想家』的增值，也讓我相信農16的燙金地段非常適合當做辦公室。

我後來找到位於明誠路上的一間商辦，稍微打聽之後，知道這棟商辦因為風水好，當初還沒蓋好就銷售一空，因此建商馬上又在另一條街蓋了另一棟商辦大樓，但是銷售沒有這間來得好。

但一開始我不確定這間商辦是否適合？加上高雄還沒有時興商辦這類型的產品，因此我採取以租代買的方式先觀察這裡的機能和價值，租了大約半年之後，我們都覺得這間商辦很不錯，不但區內銀行很多、交通方便，對於公司業務與資金運作往來也十分方便，加上這裡的保值性高，整棟樓的出租率都很高，而且考慮到商辦會是未來的趨勢，因此開始有想要買一間的打算。

我們去詢問管理員，管理員跟我們說剛好十三樓的屋主有意想要出售，這棟商辦其實很少有物件拿出來賣的，代表房子好，大家都惜售，而十三樓的屋主（本身是建商）不希望透過房仲來賣，所以告知管理員這個訊息。

我一聽，知道機不可失，於是趕快請老公去找屋主商談購買的事，我們談得很愉快，屋主說他當初買的時候有請人來看過，也是說風水很好，叫我們一定要買，後來我也請風水師來看過三趟，都一致認為這間風水很好，於是在2014年11月，我們用總價1300萬（40坪、五年新）買下了我的第一間商辦！做為高雄營業據點和辦公總部。

人生的第N間房子──『夢想家』

案例	夢想家
買點	2014年 2月
地段	高雄農16特區
屋況	毛胚屋，110坪、3房3廳3衛，含雙車位
總價	3000多萬元（自備1000多萬，貸款2000萬）
裝潢	1400萬
房貸	20年期，利率2%，本息攤還每月約10萬元多一點
投報	買下至今已經漲了800萬，如果不算裝潢費和利息支出，投報率約26%
處置	自住

感謝『夢想家』的設計團隊：

禾田設計 http://www.he-tian.com.tw/works.php

快筆記！錢滾錢變有錢人
9大教戰攻略打造黃金腦袋

教戰一
翻身變有錢人不難，你只是缺乏跨出去的勇氣。

開始學習投資房地產，勇氣很重要。

我從一開始買房子至今大約四、五年的時間，總共投資超過16間，從房地產上獲利（租賃＋買賣＋增值）已將近2000多萬元，很多人羨慕我勇於投資這麼多物件，大部分投資房地產的人最擔心的是：手中的資金一定要足夠才敢投資，或是房價這麼高怎麼買得下手？

我有個女性朋友是開公司的，銀行有不少存款，但是她都快40歲了，依舊是無殼蝸牛一個，一家人長年都是租屋族，沒有買半間房子，我覺得很納悶，她明明就有錢，又不是買不起，為什麼不買個房子安定下來呢？

其實，對很多人來說，尤其是沒有投資習慣的人，買房子跟投資一樣都是很需要勇氣的！為什麼需要勇氣？像我那個朋友就跟我說她很怕買了以後房價會跌、又怕買到爛房子，將來會賣不掉……等，怕很多東西。

我就跟她說：『如果妳那麼怕，那就選一個好物件、會增值的物件啊，先自住，未來等孩子大了想要換房型可以再賣掉。』

但她還是很怕，我一步步說服她、一直鼓勵她、給她建議，很久之後她才肯踏出第一步，開始找仲介看房子。

我相信很多人都跟她一樣，不是買不起房子，但是都不太有勇氣跨出第一步，也許是怕一次要拿那麼多錢出來、也許是怕買到不好的房子、也許是怕貸款突然繳不出來……總之，怕的理由很多。

其實怕也是正常的，我在決定要買第一間房子之前也會怕，但是認識我的人都知道，我是個行動力十足的人，所以我不會因為害怕就停滯不前，我的個性是『如果現在不做，將來一定會後悔！』因為機會只有一次，一旦決定了，不論好壞都要自己勇敢承擔，所以我不會怨天尤人，也不會遇到挫折就垂頭喪氣；一旦跌倒了，抓準時機點再爬起來就好了！

投資當然會有很多風險，失敗的例子也不少，但是只要不去做超出你能力所能承受範圍的事，應該都是值得鼓勵嘗試的！

年租金÷房價＝投報率，別被投報率這名稱嚇到，也別把投資想得太過複雜，投資前，我會為這個case留一個後路，假如沒辦法立即賣掉，那我是不是可以先把房子出租？因此，房子好不好出租，也是我買屋時考量的重點。再不然，如果無法賣掉或出租，那是不是可以等未來的增值性？如果有未來性、也需要花幾年的時間，那麼，這段時間是不是可以先給家人住？或是自住也可以？這些都先考慮清楚，投資下去通常不會錯到哪去！

像我就不太明白，為什麼有些人一旦投資失敗就會傾家蕩產、難以翻身？為什麼事前都沒思考好，就做出盲目的決定、或是超出自己能力的冒險？我個人是不會這樣投資的，如果把身家全押上去，那就不是投資而是賭博了，不是嗎？

而且我是個對金錢很有沒安全感的人，所以凡事都一定都要預先留個底，不管是創業或投資都一樣，我會衡量好自己的狀況，然後準備周全之後才放手奮力一搏，結果往往得到的都超乎我所預期的，就算失敗了，我也能重新站起來。

所以，買房子前我會先把自己手邊的資金，『可動用的』和『不可動用的』都先盤算過一遍，先想好最慘的情況，例如：銀行無法貸款這麼多、或是你突然有其他急用，如果發生這些情況你都還能應付得來，就可以放心去買了。

舉例：我如果每個月薪水5、6萬，那我可動用資金一定要高於3萬元，我才會選擇買房子，而且一開始買我一定是選幾百萬以下的房屋下手，太貴的都不考慮。

很多首購族最怕的就是買了之後發生什麼問題會無法負擔，所以千萬別衝動購買，以免到時候臨時多了龐大支出，繳不出貸款，可是得不償失的！

買了之後就要調整心態、放寬心，不要投入之後誤以為馬上就能出租回收，或是賣掉賺大錢！有時候物件是需要等待的，像我身邊的長輩看我投資房地產，自己也跟著投入，接著三不五時就來問我：『怎麼還租不掉？到時候要賣會不會不好賣？』把自己的心情搞得七上八下的，這樣還不如不要買房子。

總之，你不是因為房價高買不起，因為百萬左右的便宜物件也是有很多，如果真的錢不夠多，還有合資的方式可以考慮，我覺得多了解市場需求以及未來趨勢，會比只在意房價高低來得重要多了，你只是需要跨出投資那一步的勇氣，以及懂得運用槓桿原理來賺錢罷了！

我有個朋友，她和姐姐買了一間房子自住後，決定再轉投資房地產，但兩人都是薪水階級，該怎麼投資？她們在台中看中了投資套房的潛力，於是決定再找一個朋友合夥，把一間不到

500萬元的小套房，隔間成三間套房出租，租金約1萬8千元，投報率大約4％，他們用租金去繳房貸，賺到的錢三個人平分，她們打算把物件養個一年後轉手賣出，這就是標準的小薪族合夥投資案例。

你想想看，如果不投資、不理財，什麼時候才能存到100萬？之前根據某機構的調查，大部分的上班族預估自己平均要工作11年才有機會存下人生第一桶金，而更有高達18％的上班族悲觀的認為：『自己永遠不會存到第一桶金』！

所以如果你看準物件還不錯的話，記得可以找朋友一起合資購買，比你慢慢存錢更有機會實現投資致富的夢想！

最後，關於理財這件事，根據過去的經驗，我想對你們說：『不要害怕失敗，因為你根本都還沒開始！』

教戰㊁

低門檻、高投報的『預售屋』，適合錢不夠的小薪族。

一直有很多讀者希望我能分享自己是怎麼看房子的？有沒有要注意的地方？其實買賣房子的

撇步和眉角很多，下面我就總結一下我從投資房地產上學到的事情，希望讓就算是新手的人都可以更有概念一點、並且早日勇敢踏出投資的第一步！

投資房地產分成二種：一種是買來短期投資賺差價，一種是買來出租賺長期租金收益。

第一種投資，你應該要學會的是盡量利用槓桿原理、放大資金，也就是自備款越低越好，才能放大報酬率，因此選擇付款輕鬆、付款期最長的預售屋就是最理想的產品。

如果是第二種當包租公、包租婆的投資，就要想辦法壓低總價和購屋成本，換算回來的租金報酬率才會比較高，因此選擇中南部就比北部好；中古屋就比新成屋更理想。

我從開始投資房地產至今，除了一間自住的『夢想家』和一間公司要用的商辦之外，其他大部分都是預售屋，再來是中古屋。

我非常愛投資預售屋，因為除了轉手快、獲利較高、門檻低之外，而且從施工到成屋中間有幾年的時間都能夠讓你慢慢轉手，因此付款壓力不會太大，很適合我這種資金不夠充裕的人。

像我從紅單（購屋預約單）開始買賣，紅單一般訂的價格只要5萬，甚至一轉手有可能幾十萬就入手，預售屋有好幾個階段都可以買賣，單要看你買哪個時期的預售屋，即使在換約階段的預售屋，仍舊是有增值空間，只要你選對地點、轉手快速，就不難獲利，像我最早是投資在新竹關埔重劃區，那裡的房價漲的快、轉手也快，投資了幾次之後，我們全家搬回高雄，我就轉買高雄的預售屋，買賣過幾次，也曾跟婆婆和小姑一起用『揪團』的方式跟建商議價購屋，鎖定農16特區周邊的建案來投資，我們三間一起議價還取得不錯的價格，獲利空間變得更大！

選擇投資預售屋，一開始只要5%的簽約金，頂多短期內需要再付10%的金額，對一般投資人的壓力比較小，況且如果你手頭上不只有一間房子，這樣會比較容易做金錢的調度與安排，而且繳款年限拉到二～三年，一般交屋後房價都會上漲，賣價比較好。

投資預售屋的時機點也要特別注意，既然是投資，就不宜盲目追求高報酬，也千萬別心急，買了之後時時刻刻想要趕緊賣出；萬一賣不了，也不要認賠殺出，可以放到完工後再賣、或是乾脆改以出租為主，租金收入應該都會比支出的利息來得高。

投資置產的眼光要放遠一點，如果買不起精華區的房子，可以跟著政府的政策走，選擇未來有增值潛力的地方，尤其投資預售屋買的是未來的漲勢，可能利多的建設都還沒成形，因此更要注重地點和交通條件。

要投資前可以先去政府機關的網站了解一下，政府對於交通建設會有一連串計畫，精華區開發到一個程度後，政府一定會再找地方發展，所以如果能夠跟隨政府的政策早一步先購入，賣出就會賺，雖然很多投資大戶也會比我們更快下手，但是在買賣投資上我們本來就不能跟他們比，我們也不奢求像他們大賺幾千萬，只要能小賺幾十萬、幾百萬的，也比一般上班族收入豐厚許多。

投資預售屋雖然較易入手，但還是要衡量你的經濟狀況，像前一陣子我在新竹威秀影城預定地附近看到一間快要蓋好交屋的建案，離公園走路只要5分鐘、離影城預定地走路10分鐘，重點它是二房、價格還不到900萬，總價低，相對賣出就容易多了，未來應該很好脫手。

但是後來評估過後我還是沒買，因為它三個月之後就要完工交屋了，代表我要開始付清尾款、繳房貸，當時我的資金大部分都拿去買『夢想家』和裝潢了，這對我來說會負擔太大，所以我後來選擇了附近另一個預售屋建案，雖然總價1200萬比900萬高很多，但是它同樣具有對面公園、空氣清新、景觀好、生活機能強的優點，而且這個建案才剛開挖、打地基，還有二年才要交屋，我現階段只要先付15％的款項就夠了，如此一來我的自備款準備不用多，又可以一邊求售，一舉兩得，讓我資金能夠靈活運用！

這個案例就是要跟你們說，投資房地產千萬不能超過自己所能負荷的！還有，好的物件很多，要懂得取捨和規劃，搭配你的收入來投資才不會中途繳不下去又賣不掉，造成問題。

當然，買預售屋有這麼多優點，一定也它的有缺點，建議你們一定要留意以下2個風險：

❶ 預售屋賭的是一個未來性，交屋通常在二年後，如無意外，大部分交屋後都會漲不少，但是也有可能發生什麼變因而造成完工後房價沒有漲很多、或是反跌的，結果押錯寶，這就是你的風險，要衡量你是否足以承擔。

❷ 成屋的情況和自己想像有落差、甚至是建商偷工減料，減低房子的價值。很多人不敢買預售屋，就是怕蓋完後問題多、落差大，所以要承擔的風險不小，也不時會在新聞上看到類似的糾紛，像前陣子板橋的浮州合宜宅就是最有名的例子。

我有個朋友當初就是買紅單，但到了要交屋時，建商才說因為多了什麼，所以總價必須要再多出100萬，這和他當初預估的價位落差很大，而且交屋後就面臨要繳貸款的情況，搞得他進退兩難。

問：	針對 2016 年即將實施的房地合一新制，到底對預售屋有沒有影響？為什麼許多媒體和專家提出恐怕會爆發預售屋的解約潮、拋售潮？
答：	簡單來說，對於自住的人一點影響也沒有，會影響到的是持有不滿二年就轉賣的投資客，他們的資本利得都會被課稅，因此一些專家才推測有可能造成投資客提前解約或拋售。 以下是房地合一稅裡的相關規定： 一、取得房產日期在 2016 年 1 月 1 日之後，且出售時點也是明年以後的房產。 二、取得房產日期落在去年（2014）1 月 2 日（含 2 日）以後的舊房產，2016 年 1 月 1 日房地合一施行後出售，換算持有期間不滿二年時，即使房產是在新制前取得，仍要按合一制課徵利得稅。
專業意見提供：	李季鴻 **電視、媒體最信賴的權威專家、在房地產界和法律界雙領域具有高知名度，成立群宜聯合法律、會計師事務所、兼任太平洋房屋顧問、多所機關學校專業授課講師，擅長領域包括不動產、經紀仲介、保險、消保、公寓大廈管理…等法律，擁有多項專業證照和資歷，執業超過 16 年以上。**

教戰㊂

走出雙北，賺更多！

每個人如果講到投資房地產，大概都是想到雙北的房子，很多人甚至覺得要買北部才會漲。其實我不這麼認為，北部真的不見得比較好，主要的原因就是房價實在是太高了！雙北的房價已經是世界有名的高了，還登上CNN的新聞，在雙北買房子，扣除太差的區域，隨隨便便一坪都要3、40萬以上，破百萬的更是不在少數。

由於北、高的房價差距越來越大，同樣的自備款預算，首購族在高雄能買到三房產品，在台北只能買小套房，所以我非常鼓勵大家離開台北去投資，高雄的居住品質也越來越好，雖然它近年來漲幅也變大，但是價格比起台北還是親民多了，像我比較喜歡大廁所的設計，在北部你同樣的自備款能買到的房型，可能連主臥室的空間都不大了，何況是廁所！

雙北成本高，報酬率就會跟著下降，除非你的眼光真的很獨到，能夠買完後馬上漲價、賣掉賺錢，否則想要擺著收租金根本不划算，根據調查統計：全台灣的房價以北部最高，但是北部的租金卻沒有跟其他區域相差太大。關鍵來了，如果你想要投資當包租公（婆），那你會選哪裡？

因此，算一算你的薪資收入，建議可以往桃園、南崁、林口，或是到中南部尋找物件，也可以跟我一樣鎖定新竹和高雄，選擇自己負荷得起的房子，才不至於讓自己買房沒賺到，還不如擺銀行。

像是近幾年林口一直漲價，我有朋友早在幾年前就先買了林口的房子，當初買預售屋一坪才快10萬而已，才幾年已經漲價到一坪14萬以上，他們後來打算換大一點的房子，今年賣出獲利超過百萬！這是很多人都想不到的吧？沒想到投資林口的房子也能獲利這麼多、這麼快，其實這都是因為很多人觀念上轉不過來，而不是林口不會漲。

如果擔心自己看房子、看區域看得不準，建議你可以多結交一些當地的仲介當朋友，他們有些資深的業務會非常清楚哪些路段、哪些房型特別好出租？租金價位大概是多少？當地好出租的房型代表一定有其市場性，可以當做自己的投資依據，畢竟賣房子就算不考慮稅金的問題，也很需要對的時機，萬一無法順利出售的話，能順利出租也是很不錯的選擇。

教戰四 買房子靠『三多』＋『九大心法』，怎麼買都賺！

我陸續上過幾個財經節目，主持人都會問我：該怎麼挑選物件？相信這也是正想要進入房市的人的疑問。

我的建議是先從自己熟悉的區域下手，像我在新竹起碼住了九年，而我本身和老公都是高雄人，娘家和婆家都在高雄，因為地緣的關係，我先從新竹開始投資，再回到高雄投資，本身常常會南北兩地跑，如此管理也比較容易些。

但是如果你離開自己熟悉的區域投資，沒有其他方法，就是多看、多聽、多學而已，最好多認識仲介朋友，然後從不同的仲介口中去探虛實，最後自己再親自去比較附近房產，才來決定買和賣。

反正，要記住一個投資原則：慢慢看，多看、多打聽、多觀察，就是我前面說過的養成『三多』好習慣！

不過，到底要看多少房子才能夠開始投資呢？答案是：越多越好！

我認識一個投資前輩，他說看房子這件事情是需要累積的，累積越多，看房子的眼光就越準，千萬不要輕易的被房仲洗腦，別忘了房仲是想賺取你的佣金，房子的優點他會盡量放大、缺點則會想辦法隱藏，所以房仲的話都要打個折，不能全信。

以下，我就從看房子的『九大心法』，來提供你們買賣參考：

❶ 看地點（Location）：偏遠區的好物件沒人出價！

房地產的走勢是有循環的，也會風水輪流轉，像以前大家都只注重北部房產，近二年來反而中南部房地產被炒作的比較兇，那是因為北部房地產價格已經漲到高點了，炒作空間不大，投資客能從中獲利的金額變少了，於是就會轉往中南部，甚至是東西部發展。

所以如果你想投資，對各地的房價走勢要做些功課，選擇物件時也要選比較抗跌的地區，例如人潮多的地方、交通方便、生活機能好、需求量大的地區，像是火車站、高鐵站、捷運站、商圈、學區附近等等，這些地方的物件都不易跌降，我租房子就租過火車站附近，房東當初買進那間樓中樓才2百多萬，現在已經漲價到4百多萬了，不過短短幾年而已。

除了這些精華區的之外，也別忽略了精華區附近巷子內的物件，別小看巷子內的，因為只要是在精華區周遭都還是很搶手的，而且價位還比精華區便宜一些。

而如果小資族買不起精華區周邊的物件，可以考慮男女朋友合買或跟親戚朋友集資購買。

還有，如果你要投資，偏遠地區即使有好物件最好也別買！這真的很重要，像我有個朋友的姐姐買了一間房子，他跟我說房子非常漂亮又是透天厝，房價也不錯，買了有漲價。

我聽完是哪個地點後，馬上搖頭說，那個地點即使物件再好也別買。因為除了交通不便之外，生活機能也不好，即使環境清幽、房子美，但是買了也不好脫手；即使有一點小漲價，但可能放很久都沒人買。

果然，朋友後來說，她姐姐買了之後也沒住幾次，因為交通實在很不方便，所以又搬回市區租房子，後來因為房貸壓力太大，想把房子賣掉，沒想到當初買下時查詢地價明明有漲，要賣時卻很不好賣，根本沒人要出價！

這樣明白了嗎？除非你自己打算住很久就算了，否則還是少碰那類的物件為妙。相反的，即使在市區，物件沒這麼好，但我們可以利用裝潢來改造，用一些設計巧思讓內部變得更漂亮、居住的功能性更好，通常這種物件都變搶手的。

像我當時改造的五間海洋屋就是一個例子，改裝之後出租率百分百，非常搶手，而且投報率還高達10％！這在台北市簡直是不太可能的事！歸咎原因，就是因為我買的地段很不錯，所以租屋需求一直都很高，再加上雖然是比較老舊的中古屋，但是我把房子全部翻新、設計上加入許多體貼居家生活的小細節，因此即使租金比別人稍微高一點，房客照樣搶租。

❷ 看都更題材：內行的房仲多結交。

熟門熟路的人都會先知道都更區，然後從中搶先買進，等到開始都更後，房價漲翻倍，再從中獲利，一般老百姓通常都是比較後頭才知道，最先知道的就是官員，認識不了官員，就從官員朋友下手。

我也算是有認識官員的朋友，所以有知道幾個地方要都更、或是未來會有新路打通，這時候都可以先買。

更早之前知道時，我手中的現金還不夠、也不敢買土地，現在我投資已小有斬獲、口袋也比較深了，因此在知道今年高雄某處的路段要打通之後，我已經和朋友說好，我也想買一小塊地，然後放個一、二年，獲利絕對會超過3倍以上！

如果連官員的朋友也不認識，那麼還有一個：要從中賺錢的房仲會知道，尤其越資深、越內行的房仲越早知道，建議民眾要多培養自己熟識的房仲人脈，對自己的投資有很大好處喔！

❸ 只買好建商的房子：建材好、口碑好，漲幅大不易跌。

我買在高雄的『夢想家』，當初有找室內設計師陪我們去看過，他一看就直呼我們買對了！他說：『怎麼會有建商願意砸大錢買原廠家具和建材啊？』

我跟他說：『當初選這間房子還有一個原因就是，建商老闆自己也要住這邊，自己住的房子一定會和只是拿來賣的房子不同，所以我相信他們用的材料和家具絕對是最好的。』

這樣的觀念其實我已經運用多年了，之前我陸續買進預售屋時，都會先上網查建商資料，其實北中南有名的建商很多，只要有常注意房地產市場的人都清楚，他們用的建材好不好、名聲好不好，或是建案後續的漲幅，都會傳出口碑。

當然，有些建商很會行銷，買了他們蓋的房子，交屋後可能還會有一波漲幅空間，所以選對建商也等於選到基本盤不錯的房子。

❹ 看屋內缺點：中古屋和投資客的房子陷阱多。

不能單憑房仲怎麼說就怎麼買，也別光看網路照片就被吸引，要自己進到屋內仔細看，憑自己的感覺最重要。

我主要會先看採光，以及是否有漏水？此外景觀也很重要，如果有被建築物擋住、或是看出去是一片很亂的老舊社區，這一類的都可以從房價上再殺價。

如果中古屋有被裝潢過，尤其是有些無良投資客買下爛房子，會用裝潢把房屋致命的問題和缺陷都掩蓋住，像這樣的房子就一定要特別小心看！例如：壁癌、剝落、白蟻、龜裂……等等，因此看中古屋要非常小心，尤其是樓梯、牆面、隔間、櫥櫃、天花板、層板後面等，都要仔細看清楚，以防買到嚴重瑕疵屋或是漏水、建材不好的房子。

我自己還會特別注意看油漆的顏色有沒有差異？除了要用眼睛看以外，一定也要用手摸，摸摸看牆壁上有沒有水痕？或是牆壁摸起來有突粒，裡頭可能就有滲水，這些都要注意。

另外水電管線問題也很重要。因為通常只要是超過十年以上的房屋，水電管線很容易發生問題，水管可能已經生鏽、堵塞卡污垢、破裂，嚴重的會造成滲漏水；而電力負荷容量不足容易跳電、老舊電線容易起火等等問題，入住後都會造成危險和麻煩。

因此看屋時，可試試看水管排水功能。可在臉盆、浴缸放水後排掉，看是否有堵住或流速緩慢的問題？也要試沖一下馬桶，測試排水功能，以及檢視馬桶周邊地板和後方的管線有無滲漏水？然後把插座都插上電器試看看，看是否會跳電。

而如果你看見房子有壁癌，卻不是因為漏水的原因，那可能就是海砂屋了，也要特別小心，因為海砂屋是砂土中含有氯離子，短期會讓牆面滲出白色的痕漬，就是壁癌；長期則會加速腐蝕鋼筋，嚴重損害房屋的結構安全，而且以台灣的環境來說，海砂屋可能只有六～十年的使用壽命，比一般漏水的房子更不安全！

5 隔壁物件非常重要：跟『好宅』當鄰居，身價也看漲。

像我買房子，會先了解隔壁的房子是哪種類型？規劃得如何？價格如何？再來考慮要不要買這個物件。

我曾經投資過二次預售屋，讓我馬上購買的原因都是因為隔壁的大樓是走豪宅設計，跟它們當鄰居一定有加分，結果預售屋原本一坪17萬，沒多久就漲到27萬了，因此我推算這棟預售屋到了成屋後價格應該會翻倍，果然，才短短一個月，轉賣就賺了30萬，另外一個預售屋也是短時間內就賺了50萬！

❻ 白天和晚上都去看：白天看清幽，晚上是鬼城！

如果你喜歡這個物件，記得要白天和晚上都去看，我有一次帶小艾倫去看房子，房仲把那個物件講得天花亂墜，白天去看的時候感覺還不錯，生活機能不錯，價格也很OK，沒想到後來再約一次晚上去看房子，卻發現四周黑漆漆的、人煙荒涼，簡直和鬼城沒兩樣，而且附近二棟大樓的燈都亮得很少，表示要嘛就銷售率很低，要嘛就幾乎都是投資客在屯屋，因此入住率不高。

沒想到此時小艾倫突然大哭了起來。我之前曾聽風水師說過，看房子最好可以帶3歲以下的寶寶或是小狗一起去，如果寶寶或小狗會突然哭鬧、不安，這樣的房子可能氣場不好或是有問題，最好不要買，聽說這樣測很準。

小艾倫平常是不太會哭的，他頓時大哭，我就作罷，之後我還特別留意這個物件，結果發現它隔了很久也沒賣出去。

❼ 雨天過後再去看一次：漏水、淹水立刻現形。

會需要這麼仔細，是因為小時候家裡常漏水，因此屋況不好的房子容易在下雨過後漏水或淹水，不好的房子晴天的時候可能看不出來，但會在下雨時現形。

下雨天去看房子不只是看屋內，也可以觀察房子四周是否有淹水的跡象？像之前新聞就有報導，有個女屋主好不容易用全部存款買了一間房子，結果下雨天才發現房子內外都淹水，氣的要告前屋主，但是為了避免日後爭議很麻煩，買之前多看幾次比較安心。

❽ 看結構、建材和施工品質：有毛病的房子，會害你傷神又賠錢。

房子看多了你就會知道，很多施工有瑕疵的房子最好不要買，代表建商或外包商不是很負責任，品管也有問題，日後不管發生什麼問題，都會很難要求對方負責。

例如：地板是傾斜的、地板或牆面有裂縫、門窗緊閉時會卡卡或有縫、門鎖會卡、糞管有漏、燈座或開關旁邊有空隙、浴室地板和浴缸等壁面連接處的矽利康不均勻或有破損、屋內有不明原因的洞孔（有時候浴室的維修孔也沒做好）、門上的貓眼裝反、房門傾斜，容易自動關上或跟門框不密合、木頭地板有翹起、蟲蛀、受潮……等等，如果這些瑕疵在看屋時光用肉眼就能挑出一堆來了，那就要很小心了！

因為你不知道我們無法看到的管線、器具內部或鋼樑結構會不會有更多的問題！這樣的建商絕對不會是多有良心的商人，他們蓋的房子還是少買為妙。現在的人，尤其是年輕人買間房子不容易，千萬不要買到會讓你住出一肚子氣的房子，日後要出租或出售都很麻煩。

還有一些細節雖然不算瑕疵，但是建商在蓋房子的時候沒有替住戶考慮好，因此住起來會有很多不便，這樣的房子最好也要考慮清楚。

像我有個朋友買了一間新房子要出租，結果有些人去看了之後跟他反應：房子有喜歡，但是這棟大廈的電梯太小了（大約是一次進去4、5個人就有點互貼的程度），結果很多家具像是：沙發、長一點的餐桌、雙門櫃都無法進電梯，連雙人床墊都要靠搬家工人從樓梯一層一層搬上去，這樣會增加很多處理家具家電的困難，而他的房子又是在高樓層，造成出租不便。

還有聽說過有大廈社區的地下停車場的電梯無法直通樓上住家的樓層，一律只能從地下室搭到二樓，再從二樓轉個彎去搭另一側通往樓上的電梯，這種電梯設計就很奇怪，萬一有人送貨來、或你身體微恙、或有年邁長輩走路不方便、或是每天都要抱著小孩子上下樓……等等，搭個電梯百轉千迴，不僅麻煩、浪費很多時間，還會累死人！

還有一些舊大樓沒有裝設垃圾集中處，結果你就得天天追著垃圾車跑；有的大樓雖然有垃圾集中處，但是很小、廚餘回收桶的蓋子密合不良，結果垃圾常常爆滿、廚餘臭味四溢，招來一堆老鼠、蟑螂，這些都是要特別注意的地方，住起來多少都會影響日常生活，不可不慎。

現在的房子蓋得千奇百怪，有些建築設計師可能為了造景或美觀，設計出來的房子不是很符合居住者使用，或是有許多有違常理的地方，一定要多看、多觀察比較。

像我朋友就曾經買到一間『有毛病』的房子，這棟大樓強調地主戶自地自建，建商也是地主之一，而且建商和地主們自己都有保留戶，號稱絕對安全、使用最貴的SRC鋼骨鋼構，耐震度一流，朋友也以為這樣的房子一定買了不會後悔，於是在預售屋就下訂，到了交屋要驗屋時，朋友差點沒跟建商翻臉。

除了SRC之外（而且是不是真的也不清楚），房子裡面很多建材都是用非常普通的，浴室拉門會搖晃、馬桶是沒聽過的牌子，水流量特小；門鎖也是最簡易型的，不是當時說的多段式防盜鎖；地下車道只鋪水泥、沒鋪止滑車道，類似這些連外行人都看得出來是用比較廉價簡易的材質，而朋友竟然還是買在台北某處不錯的地段，價格頗高，照理說設備也應該頂級一點。

朋友跟建商理論，建商竟然回他說：『東西能用最實在，何必浪費？』原來這些地主建商們都是省吃儉用、老一輩的個性，東西都挑實用又比較便宜的，能省則省，卻連不該省的也亂省。

這房子還有個更大的毛病：從客廳到三間臥房都是採用超大片觀景落地窗，當初朋友也是被這個廣告吸引，覺得住在裡面一定非常漂亮、有質感又通風，但是，交屋後才發現，窗戶全都是一整片大玻璃，美是美，但果真全都是觀景用的，而不是給你通風用的！

大片落地窗全都不能開，只在二側有個小小的外推式透氣窗！而外推的最大寬度才13cm左右，結果就是：住進去後才知道通風超級不良！外面即使刮強風裡面一樣悶，然後家裡人接連中暑、生病，夏天因為太悶熱，即使冷氣費暴增，孩子身上還是長滿濕疹……這種就是我所謂的通風不良的房子不要買，只是它並非沒窗戶，而是不能開窗，因此很多買房子的人容易誤判。

後來朋友氣得想賣掉，結果連委託的房仲都知道他們這棟是有名的窗戶大、通風差、建材省！至今還是賣不掉，整棟大樓交屋快二年了，入住率還不到一成！

其實這種超瞎的房子很多，所以一定要多看房子、多觀察比較，你才會有更多經驗看出房子從裡到外的好壞問題，才不容易被黑心的商人給騙了。

❾ 急著賣的房子弄清楚再買。

通常，急著賣屋的屋主可以分為三種：急著要用錢、房子有問題、以及屋主想移民或搬離該地。

除了房子有問題之外，其他兩種都是可以入手的，但屋主要賣房子常常不會實話實說，我們該如何判定呢？這就要仔細做好房子的評估和市場調查啦！如果你還不太熟悉那一區，可以找不同公司的仲介打聽，然後都跟他們約去房子走一趟，在現場多聊，再聽聽他們怎麼說。

當然，房仲為了讓你買屋，都會說很多好話，或是隨口編造一些理由，明明房子住了一直生病，但他騙你是屋主一家嫌房子太小要換大間的！

而且房仲通常10句話裡面可能只有1句是真的，不是刻意隱瞞，就是不夠專業、搞不清楚狀況，所以絕對不要光聽一個仲介說就相信了，要多跟不同仲介聊、匯集各家仲介的說法，再用腦袋判斷。

市場調查的方式還可以從里長、鄰長、管理員下手，通常他們都在此地很久了，和他們聊聊天、搏一下感情，說不定可以得到不少情報，尤其管理員那裡很可能是八卦集中站，他們對住戶都有一定程度的了解，多跟他們聊天通常可以獲取較多的情報。

教戰五 五種難住又難賣的『地雷屋』要小心！

❶ 不買周遭環境不好的地區：

之前有一則新聞是周杰倫的媽媽怒告建商，鬧得人盡皆知，起因是周媽媽幾年前買了一戶預售豪宅，接待中心和基地所在地不同，交屋後周媽媽才發現位在高樓層的豪宅窗戶看出去竟是一片墳墓區，觀景變成觀墳！氣的怒告建商，由於當時的簽約現場在工地，墳墓區又被山坡前排的樹木擋住，站在地面才會看不到墳墓區的存在。

其實，除了嫌惡設施之外，有很多區域的房子要買之前最好還是三思，例如附近有黃昏市場或傳統市場、住家跟燒烤店或快炒街離太近，這些地方都是最髒亂、容易油煙汙染和孳生蟲蟻的，之前台北某處快炒一條街還因為住戶集體抗議而上過新聞。

所以買房子簽約前，最好能多多了解附近環境生態，不要只聽仲介說什麼，之前還曾經有某棟大樓後門口外就有一些墳墓，居民每天進出都會看到，房仲為了要賣房子就跟買方說：『這些墳墓不用擔心，年底就會全部遷走、改成公園。』結果幾年過去了，墳墓還在原地，倒是不少住戶遷走。

❷ 樓下開餐廳的不要買：

現在很多複合式的大樓，樓下有餐廳、有商店，樓上是住家，我就不買這樣的房子。

我有一次去看一間房子，第一次去看的時候是禮拜一，樓下餐廳公休，所以去樓上時還算是安靜，沒想到後來禮拜五再去看，樓下餐廳人聲鼎沸，而且只要一開後面的窗戶，就會聞到飄上來的油煙味。

我心想，如果買這邊可能到時候要出租或是賣掉都不太容易，因為噪音大會影響居住品質，加上餐廳容易孳生老鼠、蟑螂，對樓上住戶來說是很困擾的。而餐廳的格調也會影響房市行情，樓下是高級咖啡廳還是小吃麵店，價差會很大。

❸ 沒窗戶的房子不要買：

沒有窗戶、或是採光差的房子容易陰暗潮濕，住在裡面也會影響心情和身體健康，人也會越住越憂鬱，對於愛宅在家的人來說，很容易罹患憂鬱症。

沒窗戶的房子也不易通風，房子容易有味道，就像地下室通風不好、霉味很重，此外在風水上更不利，如果一個人住在裡面，就變成『囚』字了；如果不只一個人住，會更像牢房！你們說這樣心理能不生病嗎？

❹ 格局不方正的房子不要買：

坐北朝南的方位是最佳方位，這樣的房子冬暖夏涼，而坐向相反的房子，就會冬冷夏熱，很不舒服，夏天花的電費也會高出很多。

而挑選房型更以格局方正的物件為佳，像是有多凸出一角的、或是凹進去一塊的、不規則形狀的……我通常都不會選，會盡量以正方形和長方形為主，空間好規劃、居家動線也順暢自然，符合生活需求；而居住得順，人和事就容易順。

畢竟多角形的房型比較難隔間和規劃，除非你的設計師能夠妥善處理這樣的困擾，說不定你也可以用低價買下，再好好整理一番賣出。此外，低矮的房子我也不碰，住進去會有壓迫感，人住久會不舒服。

❺ 千萬別買路衝或有煞氣的房子：

像我第一間房子就是買錯了，後來有房仲說那間窗戶看出去有壁刀煞，而且房子裡有不乾淨的東西，難怪住進去的房客一直換人。

買第一間房的恐怖經驗讓我後來再買房子都很在意風水，有的房子一進去會讓你昏昏沉沉的、或有點背脊發涼的感覺，這種的都不要買。

有些老祖宗的風水禁忌是有道理的，小心一點比較好，例如：高架橋或快速道路經過你房子前面，叫攔腰煞，這種房子不管有沒有煞，光是噪音和空汙就很容易讓人神經衰弱和生病了。

有些是棟距太近，房子被對面大樓擋住採光和視野，而且你一拉開窗簾，就有可能被對面看光光，這樣的房子對身心健康都有影響，還是不要買比較好，我就有朋友買過這種大樓的其中一間要來出租，結果始終很難租掉，後來一直降價求租，還是乏人問津。

教戰六

買屋要精明、賣屋要快速，比別人更聰明的7個招術。

❶ 塑造你的買屋形象：

24歲剛開始看房子時，其實我手上還沒有什麼資金，但是我知道對於屋主來說，買主的形象很重要。

我之前特別和房仲討論過，我的形象就是在異鄉工作、努力打拼的小女生，這招我從24歲開始買房一直用到29歲，屢試不爽，屋主多半都會願意降價一些賣給我。

把自己的故事包裝一下變成：一個小女生靠自己北上打拼，想要完成夢想，這個點很好用，通常屋主都會心軟降價，因為很多屋主其實很有錢，少賣個幾十萬對他們來說只是小錢，但是對我來說可能就是唯一的獲利空間，因此能殺多少就殺多少，但是殺價也要有技巧，不能硬來，因為如果你殺的價他可以賣，可能早就賣掉了，幹嘛非要賣給你？所以用這個故事點來打動他們，讓他們心甘情願的降價賣給你，比較有可能。

❷ 能賺就拋：

我曾經和一位房地產的投資前輩學習，他說：『能賺就趕快拋，拋了再買下個物件，千萬別覺得可惜。』

『能賺就拋』這個想法可能很多人不能理解，想說為什麼不放久一點、賺更多？那位投資前輩的買賣經驗非常豐富，他跟我說，市場的行情不是你能完全掌握的，很有可能一直等也等不到你想賣的價格，或是想賣時沒人要買了！所以買賣交易也是非常看時機點的，錯過了恐怕價格就開始跌。

我非常認同他的話，我曾經買過一間預售屋，沒多久就有人要以高於買入價50萬元來跟我買，但是我拒絕了，因為我想說這房子這麼搶手，我要等到有人出價高於100萬或是200萬時再來賣，結果，誰知道後來根本沒有這樣的行情！而且連50萬都沒了，我後來只好以高於買入價30萬元脫手。

所以基本上我的計算方式是這樣的：如果沒有請房仲代賣的話，有賺30～40萬元我就會賣了；如果有找房仲代賣，我可能要等到價格高於買入價50～60萬元才會賣，因為我要把房仲的抽成計入。

❸ 反其道而買：

中國人比較忌諱農曆七月，所以每到鬼月的看屋率都會降低，然而這時候看屋反而好殺價，尤其是大家都討厭的四樓，因為很多人認為不吉利，所以通常價格都比較低。

所以很鼓勵在淡季或有禁忌的月份去看房、挑房，因為好區域的物件，是不會對轉手有太多影響的，如果接手的買主是基督徒的話，更不會介意四樓這個數字。

❹ 尋找對的買主：

我曾經有間預售屋要賣，那間房子離新竹園區很近，我當時心想：這個物件價格不低，但坪數不大，不適合一家人居住，要買的人應該比較像頂客族、需要有一定的經濟能力，所以就請科技公司的朋友代po買賣訊息在園區裡，沒想到詢問度不斷，不到二、三天就賣出了，買主是園區的高階主管，一看就很喜歡。

所以房子好不好賣，和有沒有鎖定對的買主有關，推薦給對方需要的東西，比什麼都容易成交。

❺ 關鍵字包裝：

不管是要租或賣，我也會把房子po上591，但絕對不是只把房屋資訊丟上去而已，我會在標題上特別包裝，例如：30世代年輕族小豪宅、XX發財屋……等名稱，把『年齡』＋『族群』＋『物件特性』都融合其中，或是取一個討喜的名稱，都能讓瀏覽網頁尋找物件的人眼睛一亮，立刻點進去看。

❻ 加入買賣群組：

我平常有加入一些臉書或Line上面的買賣房屋群組，這些加入的人都是關注房屋買賣資訊的同好，一旦我有物件貼文分享，很快就能透過私訊溝通、看屋、交易，根本不用透過房仲慢慢賣。

❼ 廣發英雄帖：

賣房子不要嫌麻煩，10個房仲幫你賣，和1個房仲幫你賣，效果當然差很多、成交機率也大多了。

有時候，房仲賣房子除了努力以外還要有運氣，遇到對的買家，自然就容易脫手，所以賣房子記得多找幾個不同公司的仲介，而且資深、專業的更好。

我有個投資很厲害的朋友還教過我一招，他若有房子要賣，會廣發英雄帖給各大公司的房仲，他曾經讓３００位房仲幫他賣一個物件，就看誰有本事！

他也建議我，如果要找房仲，不要只發個當地縣市的房仲，例如你有桃園的房子要賣，不要只給桃園的房仲，很難講台北會不會有人正在尋找桃園的物件，所以也可以同時跨縣市找外地的房仲幫你賣。

教戰七 拉高貸款成數怎麼談？找人脈、和銀行打交道的6個關鍵。

前面提過，我在買第一間房子時，因為不懂得累積、美化我的存款簿，所以即使我買的是新成屋，屋況很新、裝潢也很漂亮，但是因為我沒有薪資證明、存款簿又不夠漂亮，銀行還是沒有貸給我太高的成數，他們是不會管裝潢有多好看、將來租金收入有多高的。

之後，我才開始實行『4本存摺養錢法』來優化我的儲蓄和投資帳戶，也讓銀行知道我每個月的存錢實力很高、固定有存款匯入，代表我的收入和賺錢能力都不錯，因此到了第二間房子時，即使我買的是中古屋，也沒有什麼裝潢，銀行還是很願意貸款給我，只是我當時賺的錢更多了，每月收入（光公司那一塊）就有3、40萬，因此可以拿出較多的自備款，也覺得把錢放進不動產是個好投資，我才沒有跟銀行多貸一些錢。

銀行都願意借錢給有錢人和信用良好的客戶，而我們現在還不是有錢人，所以要先培養自己成為信用良好的客戶，建立和銀行良好的互動關係。

還有，最好先了解貸款成數之後再來選擇物件，比較不容易進退兩難。早期的貸款成數會比現在高，基本上大致是這樣的：

預售屋：貸款約七～八成。

中古屋：貸款約五～六成，有些太老舊的房子可能就只能貸到五成以下了。（像我曾經因為沒有薪資證明而還貸不到四成呢！）

新成屋：貸款約六～七成。

如果想要多貸一點，還可以透過人脈來幫忙。像我因為有認識政商關係良好的朋友，只要買房子找她，貸款成數就可以拉高，自備款不用太多。而且，除了拉高貸款成

爭取房貸的 6 個重點：
1. 維護良好信用紀錄，車貸、信貸、信用卡卡費不要遲繳。
2. 不要頻繁轉換工作，購屋前最好同公司已任職超過一年以上。
3. 挑到好房子、有增值潛力，銀行承做意願較高。
4. 跟薪資轉帳戶同一個銀行貸款，有機會談到較優的貸款條件。
5. 貨比三家，拿最低利率、最高成數的另一家銀行來要求比照辦理。
6. 固定跟同一家銀行密切往來，例如基金、信用卡、定存等都在同一家銀行，核貸的門檻會比較低，也比較有空間談判。

數之外，朋友還幫我談到利率比較低，果然懂得和銀行打交道的人吃香多了！

如果你銀行沒熟人、又想不到別的辦法，那建議你就要像我前面說的：好好把自己的存摺養漂亮一點，而且至少要養半年以上！每個月都要固定有一筆錢存入，讓銀行對你的能力有信心，基本上貸款不會太難。

另外一方面，如果有刷卡習慣的人，記得要使用全額付清，不要分期付款，也不要只繳最低還款金額，這是要讓銀行知道你的還款能力很好，刷多少都還得起，只要銀行認定你信用良好，貸款成數自然能拉高，就能降低準備自備款的壓力。

所以，信用卡之類的千萬別刷爆，一些該繳的錢也別忘記去繳，不然容易讓銀行認定你是個無法管理自己的人，這都是很重要的信用記錄喔。

教戰八

超會賺包租婆的6個自保術。

我的第二間房子海洋屋一開始就是設定要長期收租用的，因此我花了很多心思在裝潢上，因為我相信大多數租客看到美麗的裝潢都很難不心動，也會心甘情願繳比較高的租金。

海洋屋一裝潢好之後，出租率非常高，甚至同時有三組客人在搶，甚至有外商公司想長期承租，所以我不但不怕租不掉，還能挑選房客、租給價錢最高的。

想當個成功的包租婆，慎選房客是非常重要的。回想我當初第一間房子招租的經驗都不是很好，一開始委託房仲招租，但由於我找的房仲不夠誠實，他介紹的客人八成都是八大行業的，但偏偏都騙我說是服飾店小姐，然後遲繳或付不出房租就常常想很多藉口來騙我。

有鑑於此，我的第二間海洋屋要招租就格外小心，也更知道該怎麼選擇房客，以下幾個重點是出租時，一定要特別注意的：

❶不愛乾淨的人不碰：

這點真的會讓房東很困擾，我曾聽說有個房東把房子租給一個不愛乾淨的房客，他搬走後，房子幾乎需要大翻修，因為到處都是垃圾和污垢、蟑螂蟲蟻亂竄！房東賺這一年的租金根本不划算，還不如一開始就先慎選。

如果你看到這個房客不修邊幅、衣服也感覺很多天沒洗、頭髮也油油的、指甲髒髒的，就要考慮，因為個人衛生習慣不佳，也很難愛惜你的房子。

❷八大行業者不碰：

我不是有職業歧視，而是房子將來如果還想要賣，就要維持它的價值，如果租給八大行業的小姐，鄰居難免會說閒話或議論紛紛，環境也會被搞複雜了，萬一被買主聽到什麼，對房價絕對有影響。

我有個朋友就是因為不小心租給八大行業的，結果曾經多次被警察找上門，因為房客嗑藥被檢舉，你說房東半夜接到這種電話，說裡面的房客不開門、叫你去幫警察開門，你會不會很崩潰？對鄰居和風評會不會有影響？所以還是租給身家清白、工作單純的租客比較好一點。

❸ 職業穩定才有長期繳租的能力：

當包租婆沒什麼困難，最怕的就是遇到拖欠房租、耍賴的房客！

前陣子不是有個新聞，一家公司的董娘把台北市黃金地段的豪宅租給一對年輕夫婦，那間房子一個月租金9萬，董娘本來還很欣喜，覺得這對年輕夫婦真是優秀，年紀輕輕就租得起這麼好的房子，結果那對夫婦只有前面三個月繳租正常，此後沒再繳過半毛錢！

等到董娘被人提醒去查核，才知道對方已經白住了五個多月，共積欠45萬元，可怕的是董娘請對方搬家，對方竟開始哭窮、死賴著不肯搬，雙方談判沒結果，董娘只好請人來強逼他們搬家，最後還被房客告上法院，你說是不是很倒楣？

而我從第一次租屋經驗中就學到，千萬要慎選有穩定職業、固定收入的房客，像我有一間房子是租給在新竹科學園區上班的主管，他每個月固定八號一定匯錢給我，準時又有信用，讓我省了很多事。

❹ 遇到棘手事件，找警察比較安全：

房客百百種，如果你是女房東，要帶看和收租時，記得盡量不要自己一個人出面，最好找異性友人陪同。

假如真的遇到房客有什麼問題或狀況，也千萬不要自己出面處理，記得第一時間就找警察，之前有個很有錢的包租婆因為催繳房租不成，反被房客勒死，像這種租到有問題的房客而賠上自己的性命，真的是得不償失，所以建議不管遇上什麼爭執或糾紛，一律找警察來處理比較好。

❺ 合約盡量簽清楚：

很多人租房子都是用到處都有賣的簡易租約簽一簽，但是那種制式合約其實不太能符合每一種不同的狀況，因此還是不要偷懶，把簡易租約改一改或是自己打一份詳細版的，例如：房子裡有附什麼家具家電、房東答應把老舊熱水器換掉……等等，把重要的事情都條列一下，這樣比較能夠減少糾紛、也能保障雙方。

像我有個朋友之前要出租新買的豪宅，他把很多附給房客用的家具家電都列進去，例如：日立牌750公升冰箱一台、SONY 50吋電視一台……甚至連『落地窗因為有特殊塗料，只能用清水洗，不能用強力洗潔劑清洗』這樣的條文都列進去，因為如果用清潔劑清洗，會讓昂貴的表面塗料起泡或破損，朋友不希望房客事後忘記而洗壞了、更不想藉此扣房客的錢，因此細心地列入合約裡，讓大家都好做事。

我覺得他這樣做很對，寧願事前都先講清楚，而不要日後各說各話、引起爭執。像知名的張姓惡房東就是號稱提供給房客的是新沙發、新設備，其實都是老舊快壞的東西，但是等房客退租時卻假藉房客用壞她的東西而要求鉅額賠償！其實如果當初簽約時房客細心一點，也許就能保障自己多一點。

總之，合約簽得越周延越好，把雙方在意的事情都列入合約裡，不要不好意思，這對雙方都是比較好的做法，因為事前想的越周全，事後的糾紛就越少。

❻ 如果不放心，可以公證：

人其實很難光看外表或談過幾次話，就清楚對方是不是一個好人，萬一碰到會偽裝、愛說謊的人，住進去後很可能會惡搞你的房子，這樣就頭痛了，所以如果你對某些房客沒有很大的信任感，建議可以去公證，費用是依照租金×年分，再加上押金來計算，大概在幾千元左右，可以雙方一起分攤，主要是這樣你們的合約就受到法院的保障，有問題可以直接持公證書向地方法院民事執行處聲請強制執行，而不用再花時間進行訴訟，但是手續就是比較麻煩一點，還有就是公證過的租約就必須誠實繳稅，習慣逃漏稅的房東也要注意。

租屋問題其實千百種，有惡房客當然也有很多惡房東，小心駛得萬年船，只要大家互相將心比心、合約看清楚、簽清楚，當個輕鬆快樂的包租公（婆）絕對不是夢！

教戰九 和仲介心理戰的『7個千萬不要』！

由於第一間房子被我的房仲朋友順利賣出之後，我一直相信，遇到對的房仲能幫你解決不少問題，因此後來又跟他陸續合作了好幾次，也發現培養屬於自己的房地產人脈很重要，房地產中有很多外人不曉得的事情，如果人脈夠的話，可以聽到一些真相，買到便宜。

這間房子能順利賣出也是一個因緣，在他之前我找過幾個房仲來幫我賣，但是拖了半年多都沒下文，也賣不掉，直到有一天我去附近的洗頭店，遇到設計師，沒想到這設計師居然是我大學時去專櫃打工認識的飲料外送小弟（他小我三歲），我記憶力很好，覺得這個人很眼熟，於是隨便問說：『你之前是不是有在飲料店打工？』結果一相認，雙方發現世界真的很小，能在美容店重逢，真的很巧！

後來更巧的是，沒多久後他不當設計師了，跑去做房仲，我就委託他幫我賣第一間房子，大約才一個多月就賣掉了，而且還讓我平轉，390萬不賺不賠賣出，頂多浪費了一點時間成本，還好有一年的租金收入可以補償房貸支出。

之後陸陸續續有好的物件，我也是習慣找他配合，當然中間也有一些配合到其他不錯的房仲，才讓我買賣都很順利，所以找到好的房仲很重要，好的房仲可以帶你上天堂，嚐到獲利的甜美；不好的房仲也可以讓你很想下地獄，賠錢又傷神、傷心！

但是房仲百百種，真的是要多接觸才會了解比較多，有些房仲只出一張嘴，做事情根本不積極，也不牢靠，如果你的房子交給這樣的人，幾年都賣不出去也不奇怪；有的房仲喜歡搞小動作，在賣方和買方之間騙來騙去……總之，自己多看、多問，並且從中觀察這個人的態度和言行是否值得信任。

那到底該如何找到適合的房仲、並且判斷他們是不是夠格呢？前提是，你要多看房子、多認識房仲、也讓房仲多認識你！

尤其我一直強調越是沒錢、越要優先買『投資房』，而不是先買『自住房』，所以更要慎選房仲，才不會買貴還不打緊，萬一還買錯、買到難以脫手的就慘被套牢了！

不過，很多資深房仲都已經練成『精』了，非常有手腕又會說話，稍有不慎就很容易被他們牽著鼻子走，如果對方是不肖房仲，還可能用一堆行銷話術來騙你買到爛房子。

所以，學會和房仲的心理戰很重要，我有以下『7個千萬不要』的交戰心得，提供你們參考：

❶ 千萬不要見獵心喜：

見獵心喜是沒經驗的人買房子最容易犯的錯誤！看到喜歡的物件就喜上眉梢，藏都藏不住！一旦被發現你很中意的話，不肖的房仲就會藉機拉抬價格，不是告訴你價格很硬、無法殺價，不然就是騙你說還有別組客人也很喜歡這間房子，要你趕快做決定，這樣你很容易被動搖，因此保持沉穩的態度很重要，起碼不要喜形於色。

❷ 千萬不要馬上出價：

即使再喜歡也不要當下就出價，最好隔天或幾天後再出價，當下出價很容易被房仲抓到你的態度和想法，然後拼命的煽動，讓你做出錯誤的決定。

❸ 千萬不要出太高：

一開始出價最好低一點，房仲多半都會拉高開價，因為要預留買家的殺價空間，因此你最好先出低一點的價錢、離你的預算有段距離，這樣才有時間拉距彼此的價格，最後，搞不好會用比你設定的預算還低的價格成交喔！

❹ 千萬不要沒掌握重點就砍價：

買房子出價、砍價都有技巧，很多房仲都會把房價再加個100～200萬元，讓人好砍價，如此一來，可以讓買方覺得殺到好價格，而他也能賺到好價格，因此，懂得看人臉色很重要。

學會察言觀色都是源於我之前打工所訓練成的，我曾經做過派報生、當過搬貨工讀生、超商店員、餐廳出納、服飾店店員、馬路上發傳單的……等等，沒想到打工上學到的技巧，也能運用在買賣房子上。這些工作都訓練我養成厚臉皮、不恥下問，和死不放棄追問『十萬個為什麼』的個性！

我在買房子時，會注意看房仲的臉色以及屋主的臉色，不但多問、多聽，並注意到對方說話時的臉部細微變化，這樣就可以知道對方說的價格究竟合不合理、可不可以買？對於買到好物件和談到好價錢非常有幫助！

例如：本來房子要價１０００萬，我故意放大一下這間房子的問題，然後隨口聊聊天，聊著聊著把對方引導到房子的問題上，對方可能會辯解很多、講一堆有的沒的，然後我再從對方臉部表情及話中去找出蛛絲馬跡，有把握了就開始砍價，這樣會比較容易成功，如果直接就嫌東嫌西然後砍價，有時候對方會覺得你不懂行情。

我覺得買房子出價之前自己心裡要有個底，也不要因為談不下來就往上加預算，像是我都算好預期的投報率一定要有多少才出價，投報率也要把裝潢費、閒置時期的租金損失之類的都算進去。

5 千萬不要隨別人起舞：

不要跟著身邊的朋友以及房仲而起舞，別人再喜歡的房子，不見得就是好房子、也不見得就是適合你的房子，不要因為被說動了而亂了自己的判斷。

有可能別人開價1500萬的房子，我自己觀察周遭環境和房子條件，覺得保守一點只願意出價900萬，超過這個價錢我可能不會有太多獲利、買了會有風險，所以即使出價沒有成功、沒買到也沒關係，要知道永遠都有下一間房子等著我買！我只要謹守出價原則，出價10次有中1次就夠賺了，我曾經用這原則在新竹關埔重劃區買下一間房子，堅持不往上加價，結果還是買到了，到目前增值空間已達幾百萬。

6 千萬不要只跟一個房仲合作：

台灣人重人情、重私交，有很多人都喜歡跟固定的房仲往來合作，認為這樣比較放心，其實這反而是最容易出問題的！沒有人能完全了解另一個人，即使親如兄弟手足都一樣，更何況是有利益糾葛的房仲？就算他前10次不騙你，只要1次騙你，可能就是騙大的！

所以，千萬不要不好意思，多找不同的房仲來合作是正確的觀念，不要從頭到尾只認定一個人、或某一家公司，這樣比較不容易被蒙蔽。

❼ 千萬別怕買不到：

你要先明白一件事：買到好房子是緣分，如果買不到，表示和你沒緣，不須強求。所以，千萬不要心急，心急往往會壞事，不但容易失敗，更容易被房仲看出你的弱點，所以要沉得住氣，告訴自己這個價格買不到沒有關係，下次有緣再買。

真人真事：我的老公大改造實錄

從完全沒概念的『理財白癡』，短短一年多有存款、有股票、有二間收租房，月收入超過12萬！

我老公早期在中鋼當主管，年薪超過百萬，後來又陸續創業二次，在『賺多花多』的個性下，雖然他因為家境富裕不用養家、也沒有什麼貸款支出，只要能顧好自己就好，但他到了35歲卻只有不到百萬的存款，然後還花了一半以上的存款買鑽戒求婚，所以剩下寥寥可數。

說到我老公，真的是不得不佩服他賺多花多的本領，因為他為人海派，愛請朋友吃飯，我每次和他下高雄只要有朋友聚會，他都很愛搶著掏錢買單，和我完全相反。

我覺得朋友聚會不用常請客，畢竟請來請去不是差不多？只是增加開銷罷了，但如果是商場應酬請客，我認為是必要開銷，所以我很久很久才會應酬一次。減少應酬當然就能減少開銷，我從創業至今應酬次數大概5根手指頭就數得出來，或許這也是網路創業的好處。

他的大方個性，用另一角度來想，如果他只當情人，一定是個非常棒的情人，很大方不小氣（我是指吃喝方面，交往時他只送過我幾百元的內搭褲），總是在吃飯快結束前，就默默去櫃檯結帳，所以朋友都很愛他；但如果真要步入家庭，變成丈夫和爸爸的身分，這樣的用錢方式就需要改變！

而且以前的他遇到愛玩的朋友，常會相約去夜店玩樂或是找朋友聚會，無形中增加很多開銷，後來和我一起工作，在理財和用錢方面，我慢慢改變他很多觀念。

為了改變他的理財觀念，首先，我常對他進行機會教育，只要回婆家經過高雄左營區，我總會和他說要抓準會漲價的地方，像高鐵、捷運經過的地方，或是即將開發的地方，別小看它可能是一塊農地，只要有以上幾點，價格都有機會翻倍漲！

接下來，我就讓老公開始努力存錢，他當時是和我一起工作，薪水有6萬，我每到月初會先把他的收入扣下3、4萬元左右，並且幫他存入戶頭，前面幾個月先累積了12萬，我拿這12萬去幫他買4123的股票二張，從低點買進，一張6萬，到高點12萬時賣出，剛好多賺12萬，後續當然還是有持續購買，但賺得沒有一開始這麼多。

我用強迫儲蓄的方式，並且教他一些投資的方法，打算幫他累積一年後再來看看金額有多少？

接下來，節制開銷也很重要，我跟他說要記得貨比三家不吃虧，日常生活中的花費都不可小覷，有時候，一個無意間都有可能會花掉很多錢！像他去個五金行也能花好幾千元，他總把可能用得到的商品都買回家，我告訴他，買東西有分『極需要』、『次需要』和『不需要』，建議他每次買東西先買『極需要』的回家就好，等到下個月再思考『次需要』有沒有必要買入？如果沒有必要購買，你就能省下一筆錢，別小看這些錢，累積久了就是筆大錢！

我和他一起去餐廳吃飯，他總是點最貴的套餐，第二次換我點餐，我點的金額不僅比他少好幾百元，還吃得比較飽，後來為了節省他的花費，出去吃飯都換成我點餐，我是屬於會計算吃飯金額的人，先在心中計算加總一番，才會決定吃什麼。

小艾倫出生後，他為了小孩開始減少抽菸頻率，菸品花費也大幅降低，別小看抽菸費用，每個月可以省下約２４００元，這些錢小額累積就讓他的支出大為減少，當他開始控制這些支出項目時，就會發現存款的數字正逐漸攀升中，真實的看到自己的財富成長，這是很令人振奮的感覺！

再來，舊習慣的剔除也非常重要，像老公以前愛玩車，常花大錢買車、換車。車子不是不能買，但車子一落地價值就減少了，要省錢絕對不能買價值會逐年下降的東西，除非你買對車子！

後來他學會省錢後，為了小艾倫想換一台賓士車，我向他分析，以我們當時的收入，買二手車會比較適合，他同意了，後來是用160萬買了一台賓士C250，而且也因為他很會照顧車子，一年後賣出還賺了8萬元！現在，我們又買了全新的休旅車，全家出門也更方便和舒服。

錢不是不能花，而是要花在對的時間和地方，小孩出生後，休旅車確實比較符合我們的需求，也能延長使用年限，買東西千萬不能想買就買，然後買了自己負擔不起的東西，只為了滿足自己當下的慾望，就會損失未來的生活品質。

接下來計畫要開始讓他買房子，有些人以為從不負債的人信用最好，若買房子貸款成數一定高，其實這是錯誤的！

像我老公從來沒負債過，公公婆婆讓他擁有這樣的生活，也教育他使用現金、盡量不要刷卡，因此他也沒有信用卡的使用記錄，而因為沒有記錄可以追循他的消費習慣，反而讓銀行對他的審查趨向保守，所以在申請貸款前，我讓他把信用卡使用額度調成2萬元就好，固定用在加油站刷卡，帳單來時全額付清，利用這樣的方式『養』他的信用額度。

再來要拉高他的月收入，之前，他的薪資6萬，如果以這樣收入想要當包租公還是不夠的，所以我要讓他增加收入。每次和他出去吃飯，我發現他很愛拍照上傳，拍的照片也很不錯，我便鼓勵他寫成美食分享文、賺稿費，雖然起步較晚，他又有點不愛寫文章，但他還是很認真的執行，每次吃飯都記錄成文章，長期累積下來，他的稿費月收入大概有1、2萬元。

接著，我要增加他的『無本生意』收入，他老家在高雄小港，由於他北上新竹和我住，高雄老家沒人居住，空著很浪費，我說服他拿來隔間出租，他很認真的花了幾百元把房子重新粉刷乾淨，再花了1萬5向熟人買些二手家具，然後把房子隔成8間，總共花不到幾萬元，他就當起包租公了。

房子因為臨近中鋼，所以有很多工程師和餐旅學校的學生來租，一間6000元的套房又含家具，出租率很高，每個月替他增加了4萬8的收入。

這樣一來，才一年的時間，他每個月的收入就超過12萬元了！收入提高了，我怕他會花錢開始大意，於是我每個月再加扣他的錢到7、8萬元，當做日後買房子的自備款，強迫他把大部分的錢都存下來，剩下來的錢也有幫他投資買一些股票，就這樣改造他一年多之後，他的戶頭已經有1百多萬的存款了、有一間收租房、有正職、有稿費收入，比他之前創業好幾年的收入還要高很多！

後來，我叫他去買高雄左營區的一間房子，因為這裡是蛋黃區，交通和生活機能都很便利，將來不管是要賣或者出租都很容易。

他用存款1百多萬，加上賣掉一些股票的錢，湊足150萬自備款買下不到500萬、29坪的預售屋，而房子因為路段好，交屋之後招租不到幾個禮拜馬上租掉，租金一個月1萬8，投報率有4.3％。

如果把150萬放銀行，每個月利息才1500元，而他當包租公，每個月扣掉貸款1

萬元，可以收進口袋的錢就有8000元。如此錢滾錢，我相信他應該很快就可以買進第二間房子、他人生中的第三間房子了。

其實，理財和減肥很像，把你的壞習慣剔除，學習別人成功的方法並且改造自己，胖妞都可以變女神，理財白癡也能變身精打細算的包租公！

而我會發掘他的包租公潛質，是看他非常喜歡打掃家裡，常把家裡整理得井然有序，就像他很會照顧車子一樣，善於把舊東西保養得和新的一樣，這個特點很適合當包租公。

《改造老公重點總整理》

1. 給予明確的存錢目標，例如買房。
2. 發薪水後，先存錢、再花錢，強迫儲蓄。
3. 買東西有分『極需要』、『次需要』和『不需要』，每次買東西先買『極需要』的物品就好。
4. 錢不是不能花，而是要花在對的時間和地方。
5. 妥善使用信用卡可以『養』信用額度，有利於買房時的貸款成數。
6. 利用專長多賺錢，發現老公擅長拍照，就鼓勵他寫美食文，稿費讓月收入增加1、2萬元。
7. 理財像減肥一樣，淘汰舊的以及不良的習慣，胖妞都可以變女神，理財白癡也能變身精打細算的包租公！

趨勢文化
出版有限公司

MANAGER 02

最會賺錢的窮人！

沒關係啊～～連父母都不看好的『人生失敗組』，
從借錢人生到28歲賺千萬、30歲資產上億的真實告白！

作　　者／張辰瑜
總　　監／馮淑婉
主　　編／徐以富
文字構成／張辰瑜、大富翁文字工作室、唐滋蓮
編輯協力／Selena、徐以富、阿奇、熊愛玲
行銷企劃／鐵人公關
出版發行／趨勢文化出版有限公司
新北市新莊區思源路680-1號5樓
電話　8522-5822
傳真　85-211-311
讀者服務電話　8522-5822#66
法律顧問／永然聯合法律事務所

封面攝影／黃天仁
妝　　髮／上綺、婷婷
內頁圖片／張辰瑜
封面設計／R-one
內頁設計／無私設計　洪偉傑
校　　對／大富翁文字工作室

出版日期／2015年7月3日初版一刷
ＩＳＢＮ／978-986-85711-8-1
本書定價／320元

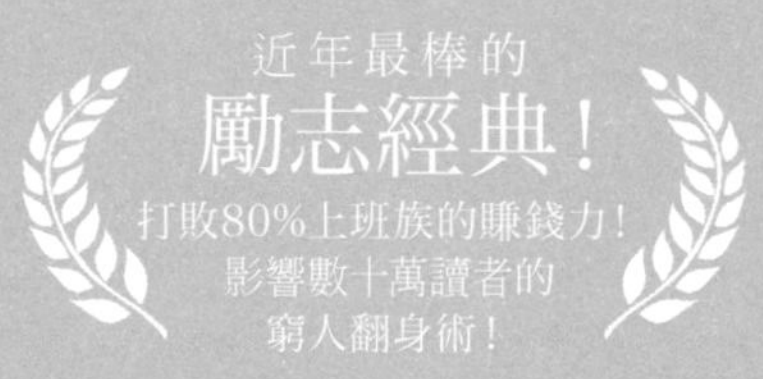
近年最棒的
勵志經典！
打敗80%上班族的賺錢力！
影響數十萬讀者的
窮人翻身術！

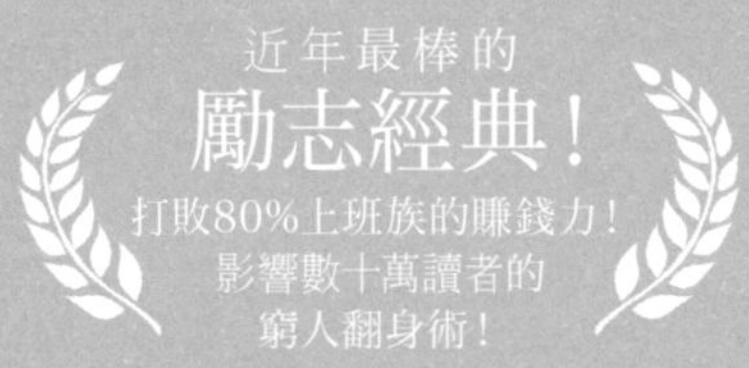
近年最棒的
勵志經典！
打敗80%上班族的賺錢力！
影響數十萬讀者的
窮人翻身術！

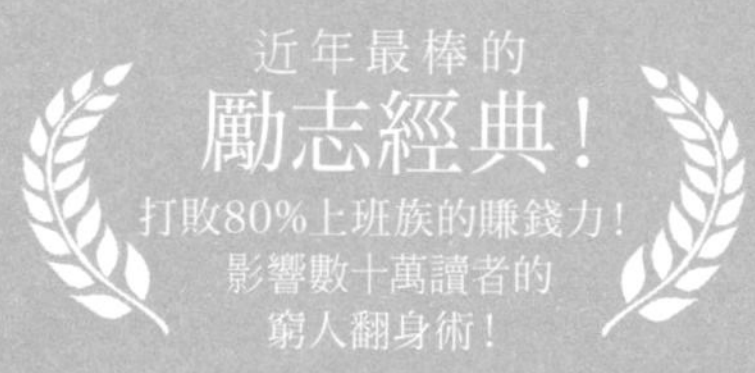
近年最棒的
勵志經典！
打敗80%上班族的賺錢力！
影響數十萬讀者的
窮人翻身術！

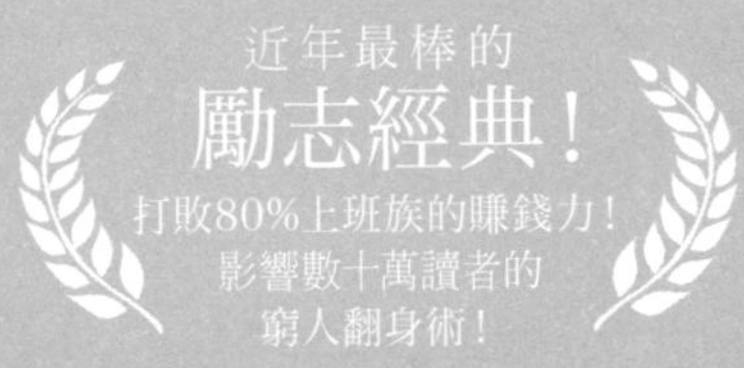
近年最棒的
勵志經典！
打敗80%上班族的賺錢力！
影響數十萬讀者的
窮人翻身術！